Potions magiques
de médecins oubliés

Du même auteur

Chez Anfortas

Ces plantes qui écrivent l'Histoire, Ed. Anfortas

Chez d'autres éditeurs

Se soigner par les plantes, Ed. Ulmer
Les plantes du plaisir, Ed. Ulmer
Les vins de plantes, Ed. Ulmer
Être en forme toute l'année grâce aux plantes, Ed. Ulmer
Les plantes du sommeil, Ed Rustica
Les plantes et les maux de l'hiver, Ed. Rustica
Phytostress, Ed. Vigot
Phytominceur, Ed. Vigot
La médecine par les plantes, Ed. Synergia
Maigrir en 10 leçons, Ed. Minerva
Bien vieillir, Ed Minerva
Guide des examens complémentaires, Pro officina Eds

ISBN : 979-10-91156-93-6

Docteur Jacques Labescat

Potions magiques de médecins oubliés

Anfortas

À Martine, Caroline, Anne Laure, Philippe, Gérard, Auxence, Auxane, Noémie souvent bien patients d'avoir un médecin écrivant en famille.

Table des matières

Introduction

Pourquoi de nos jours, avoir besoin de se mettre à fouiller les poubelles de l'histoire, en particulier celles de l'histoire de la médecine ?

Pourquoi chercher à réveiller ces médecins endormis depuis souvent des siècles, y compris leurs potions magiques ?

N'ont ils pas fini leur carrière sous terre, quel besoin de les exhumer avec leurs plantes miracles ?

En fait, que serions-nous sans ces oubliés et leurs recettes parfois drôles, souvent utiles ?

N'aurions-nous pas cruellement besoin d'eux, de nos jours.

SOS : Cherche activement médecins rebelles pour simplement soigner nos contemporains, bien malades et souvent malades de l'être, comme ils le méritent et sont en droit de l'attendre de leur docteur.

À force d'être médicalement et surtout politiquement corrects, nos nouveaux « technos médecins » oubliant la dimension humaine de leur art, à supposer que cette dimension existe encore de nos jours, soignent mal et tuent parfois leurs malades simplement par ignorance de leur ignorance. Inconsciemment, et à petit feu, ils les condamnent plus qu'ils ne les soignent.

Où sont nos anciens médecins qui, au lieu de combattre les maladies, soignaient les personnes atteintes ?

Arrêtons là, sous peine de passer pour un vieux con. Con sciemment oui même à le revendiquer… non ?

Fioravanti et son baume

Attaquons le XVIe siècle avec le baume de Fioravanti (1517 -1588). Un baume cicatrisant qui sauvait la vie… à l'époque

Un peu d'histoire

Élève de Paracelse, encore un injustement presque oublié, Fioravanti avait réussi à dépasser son maître, créant la chirurgie plastique réparatrice, ce qui n'était déjà pas si mal. Puis, il organisa le premier service après-vente chirurgical : sous la forme d'un baume à la fois réparateur et antidouleur pour soulager et sauver les blessés ayant réchappé aux opérations militaires et chirurgicales. Un véritable exploit, car alors on mourait plus des suites de plaies que des plaies elles-mêmes.

Conscient du problème, François Ier avait d'ailleurs fait fabriquer par un moine une liqueur d'arquebusade destinée à sauver les arquebusiers blessés et infectés.

Présente dans la pharmacopée française, ce baume de Fioravanti rendit célèbre son auteur jusqu'en 1949, puis, passant à la trappe de la science, il l'entraîna dans l'oubli historique. Il s'agissait d'un baume entre autres à base de baies de laurier, de quoi justement susciter une célébrité pérenne.

Qui était donc ce Fioravanti ?

Bologne, Palerme, Naples, Rome, Venise, l'Espagne, déjà un beau parcours… pour l'époque.

Né le 10 mai 1517 à Bologne, Leonardo Fioravanti fut baptisé à Rome, en la cathédrale Saint-Pierre. Un bon début pour le petit bout de chou. Dès sa sortie de la basilique, il disparaît des radars de l'histoire.

Pour réapparaître comme... barbier : l'ancêtre des chirurgiens. Comme barbier, pratique peu noble voire art mineur du couteau, il se heurta vite aux médecins de son temps, eux vrais artistes majeurs.

Leur laissant la docte pratique médicale, il privilégiait la métaphysique et la philosophie. Un bon début professionnel, en tout cas, atypique pour un barbier… de qualité. Rebelle, notre praticien du scalpel préféra bien vite la médecine expérimentale liée à l'observation et à la pratique, à la Science officielle – réductrice – même enseignée doctement.

Ce qui pour sûr ne plut guère aux doctes savants professeurs.

Déjà que son appartenance « barbiéresque » était hautement suspecte, de quel droit pouvait-il se permettre d'émettre une opinion médicale ?

De quoi acquérir très vite, une bien mauvaise réputation, qu'il conserva au travers les siècles, voire… encore de nos jours.

Il est temps de nous occuper de sa mémoire, même si cela lui fera une belle jambe, aidez-nous à le réhabiliter.

Son mauvais caractère – en plus il avait mauvais caractère – son côté rebelle, – mais tout de même respectueux des institutions – l'entraîna, pour faire cesser toute polémique, à s'engager dans des études médicales classiques. Il obtint ainsi son premier degré à Naples et son second à Bologne en 1568.

Ce doctorat lui permit d'être engagé comme médecin et chirurgien, mais… dans l'armée espagnole, nul n'étant prophète en son pays, n'est-ce pas ?

Il rejoignit ainsi les troupes ibériques en Afrique, après de nombreux voyages à travers l'Italie, de Rome à Venise, en quête de job… Pas le moindre petit CDD, ni même une mission d'intérim… jusqu'à ce que l'Espagne s'intéresse à son sort.

De la chirurgie réparatrice au baume qui porte son nom : le combat de sa vie.

Apprécié puisqu'inconnu là-bas, grâce à son passage en Espagne, il fut doublement reconnu et célébré. D'abord par la réalisation, à notre connaissance, d'une première mondiale : il opéra un blessé, lui ôtant sa rate meurtrie au combat. Fait d'armes : son blessé survécut à la blessure… et à l'opération, ce qui, à cette époque, était un double et sacré exploit.

Son expérience, il l'acquit sur les champs de bataille : face aux blessures de guerre et leur délabrement, il créa et mit en œuvre avec bonheur, la chirurgie réparatrice.

Un premier pas, mais cependant insuffisant.

Si le soldat survivait à leurs blessures, il mourrait plus souvent encore de leurs complications. D'où l'idée du SAV : service aux victimes ou qui risquait vite de le devenir. Un SAV sous forme de baume quasi miraculeux.

En post opératoire, pour aider la cicatrisation des plaies, il mit ainsi au point un baume efficace pour prévenir toute infection cutanée et doper la cicatrisation.

Un baume qui se révéla aussi efficace pour combattre une colique néphrétique, mais aussi les névralgies, en fait, toute douleur quelque fût son origine. Et à l'époque, pour calmer les douleurs, les chirurgiens étaient peu armés. À supposer qu'ils se soucient de ce problème annexe. Tant que l'on sent la partie du corps atteinte, c'est qu'il n'y a pas de gangrène. Vu comme ça, difficile d'argumenter…

Cerise sur le baume, il annihilerait même les effets toxiques de l'arsenic, alors largement utilisé comme solution expéditive pour se débarrasser d'un gêneur, mais ceci est un autre sujet.

Pour le remercier se son action auprès de ses armées, le roi d'Espagne, l'anoblit. Pas mal non pour un rebelle ?

Ses campagnes terminées, de retour chez lui, toujours et encore raillé par ses confrères italiens, mais auréolé de sa gloire ibérique, il fut invité dans nombre de cours européennes pour donner son avis médical.

Jusqu'en 1588, où à 71 ans, il mourut riche et toujours controversé. Ses livres pourtant si prodigues en conseils et recettes intéressantes furent vite mis en fond de rayonnage des bibliothèques. Leur vision de la médecine et de la chirurgie était alors trop moderne.

Autant d'ouvrages qui méritaient et mériteraient un meilleur sort.

À condition de rechercher entre les lignes d'un style rédactionnel un peu ampoulé et pompeux l'ayant lui aussi, avec son caractère, fortement désavantagé dans sa longue carrière.

Ainsi, il affuble ses formules, d'épithètes dithyrambiques : pas une drogue qui ne soit au minimum excellente.

Son manque de modestie stylistique et son envie tout court d'éblouir ne doivent pas trop facilement l'étiqueter au rang des charlatans.

Scientifiques, mais aussi poétiques ses écrits. Certainement des restes de sa première période humaniste et philosophique

Dans un de ses livres, *La spechhio di scienzia universale* (1564), la fable du paysan de Luques illustre bien sa vision de la médecine à travers le récit d'un paysan naïf et facilement influençable établissant des plans sur la comète pour devenir riche à partir d'une chèvre, de la commercialisation de son lait, de ses chevreaux…

Une fable qui aurait même servi de modèle à Jean de La Fontaine lui-même, pour « la laitière et le pot au lait ».

Un peu de médecine

Des recettes poétiques et pratiques :

Parmi les recettes tirées de ses livres, on retrouve celle du fameux baume. Recette tirée du chapitre III du livre II – *De capricci medicinale* (1565) – prenez :

De la térébenthine de Venise : 1 livre, huile de baies de laurier : 4 onces, *galbanum*, gomme de lierre, bois d'aloès, clous de girofle, petite consoude, cannelle, noix de muscade, gingembre… toutes ces substances broyées sont mises dans une cornue, on verse de l'eau-de-vie : 6 livres, on laisse en contact 8 jours puis on distille au bain de cendres (en chauffant sur cendres chaudes).

Et après en avoir retiré toute la partie spiritueuse, on augmentait le feu de manière à obtenir un liquide huileux, d'une couleur citrine, que l'on nommait « baume de Fioravanti huileux », enfin, en poussant la chaleur jusqu'à brûler en partie le résidu, on obtenait de l'eau et une huile brune nommée « baume de Fioravanti noir ». C'est cette huile brune que l'on va conserver.

En fait de baume, il s'agit plutôt d'une liqueur. L'essentiel est qu'elle soit efficace et elle l'a démontré au cours des siècles, son efficacité.

La potion magique : le Baume de Fiovaranti

Un baume qui, sous sa forme décrite antérieurement, est strictement réservé à l'usage externe.

Son action locale est efficace quand existe une contracture musculaire, comme en cas de lumbago, de sciatique, mais aussi en cas d'inflammation liée à des calculs urinaires, de la cystite.

Efficace il l'est également contre la toux, les catarrhes bronchiques ou ORL, assez complet non ?

Parmi ses nombreux constituants : principalement, les baies de laurier.

LE LAURIER

En latin *Laurus nobilis*, soit laurier noble, mais aussi laurier franc, laurier sauce, laurier d'Apollon.

Du front des héros, à la nymphe Daphné

Originaire des rivages méditerranéens, l'arbuste serait né de la métamorphose de la nymphe Daphné. Les dieux la changèrent en végétal au parfum discret, pour échapper aux assauts amoureux d'Apollon. D'où son pseudonyme de laurier d'Apollon.

Symbole de paix, le rameau de laurier, comme celui d'olivier, était aussi signe de fête, de liesse. De fête, mais aussi de victoire : c'est ainsi que l'on en ceignait le front des généraux, comme des athlètes vainqueurs, mais aussi des poètes ou tout simplement, des amants.

Au Moyen-Âge, la couronne faite avec des baies de laurier (en latin *baca laurea*) ornait la tête des reçus à l'examen de fin d'études, donc promus à gagner l'université. Une coutume qui donna bientôt son nom à l'examen final : le baccalauréat.

Puis le laurier, grâce à ses propriétés gustatives, gagna vite la cuisine pour agrémenter sauces et marinades. Il a aussi toute sa place dans la pharmacopée naturelle.

Propriétés médicinales : Fatigue, bronchites, insomnies et règles douloureuses

En agissant sur la digestion, réglant les flatulences, calmant la fermentation, faisant taire les vents, le laurier redonne du tonus à un intestin fonctionnant désormais correctement. Une fonction correcte permettant vite de retrouver un bon équilibre alimentaire avec l'absorption optimale des vitamines et sels minéraux indispensables à la vie.

C'est aussi en agissant à ce niveau, que la plante aide à lutter contre les infections ORL, les bronchites, mais aussi toutes les infections virales aiguës ou chroniques. L'intestin est le lieu clé de l'immunité : pour bien se porter, il convient de bien digérer.

La deuxième cible sur laquelle le laurier se montre efficace est représentée par les douleurs articulaires rhumatismales, au repos ou à l'effort, d'où le baume de Fioravanti.

Enfin, le laurier contribue également à réguler un sommeil perturbé par une certaine anxiété.

Les feuilles ou les baies

On utilisera les feuilles ou les baies en infusion : 3 à 4 feuilles par tasse à raison de trois tasses par jour de préférence avant le repas.

Pour les baies : mettre 10 g à bouillir dans un litre d'eau pendant 1 min puis laisser infuser hors du feu pendant 10 min : 2 à 3 tasses par jour.

En usage externe la décoction sert à désinfecter les plaies, à calmer les angines et rhino-pharyngites.

Appliquée sur le front, en compresse, la décoction calme les sinusites, sinon aide à faire murir les abcès, soulager les contusions, les névralgies.

Clin d'œil : version allégée du baume Fioravanti :

L'huile obtenue par pressage des baies, version simplifiée du baume de Fioravanti, en a, en fait, les mêmes propriétés calmantes.

Mithridate et la thériaque

Un peu d'histoire

Mithridate, né en 132 av. J.–C. ou 135 on ne sait pas trop, et mort en 63 toujours av. J.–C. Ce roi grec se trouva très jeune confronté aux rigueurs et aux dangers du pouvoir, d'où son idée de développer en quelque sorte une parade infaillible, une thériaque pour ne pas se laisser empoisonner par sa fonction.

Une sombre histoire de famille

Né à Sinope « entre » un frère cadet et cinq sœurs, Mithridate assiste déjà vers l'âge de douze ans à l'assassinat de son père, vraisemblablement à l'initiative de sa propre mère Laodicé VI. Un bon début et ô combien formateur.

Ambitieuse, sa mère avait souhaité une régence pour pouvoir gouverner. Premier acte : tuer le géniteur. Mais, gérante ambitieuse, elle pensait après le père, le sang appelant le sang, faire disparaître le fils. Pourquoi se gêner ?

Ainsi, l'adolescence du petit prince jusque là paisible tourna au cauchemar. S'il continuait à apprécier l'apprentissage des sciences, des langues, de la rhétorique (il était un excellent orateur), des sports : du tir à l'arc au javelot, il apprit surtout à user de ses propres armes, à se méfier de tous et à craindre tous les membres de son entourage.

Si seulement l'un d'eux lui avait glissé Le Prince de Machiavel à lire, il aurait gagné du temps… mais stop aux raccourcis historiques.

Cette crainte d'une « disparition brutale » fut l'une des raisons pour lesquelles, avec l'aide de Damacrate, il se mit à l'étude des poisons. On ne parle pas ici de son entourage proche, mais de leurs funestes conséquences possibles. Comme tout ce qu'il faisait, il le faisait à fond, il voulut tout connaître de ces préparations ultimes ou ultimantes. Il testa alors sur des petites bêtes, puis sur des grosses, des hommes même, personne ne s'étant encore soulevé levé pour défendre la cause animale, ni celle des esclaves, l'effet de toutes ces drogues. Dans le but « ultime » de mettre au point un antidote efficace contre tous les toxiques, il composa une préparation supposée panacée, universelle composée de cinquante-quatre plantes, minéraux et animaux : dont le suc de coquelicot, la potentille, la rose, la petite centaurée, la gentiane, et aussi… de la chair de vipère.

On mêlait le tout à du miel blanc et à un vin fort pour préparer un électuaire. Un électuaire à tout faire, l'antidote de tout poison.

Empoisonnant

Après avoir commencé jeune à se battre contre les siens, notre bon roi trouva bon de se battre contre ses voisins : les Romains. Ce ne fut guère brillant. Après plusieurs campagnes menées et, le plus souvent perdues, le roi du Pont fut défait cette fois définitivement, sans possibilité de fuite et fut fait prisonnier.

Pour échapper au sort de Vercingétorix, un de ses illustres prédécesseurs vaincus, maltraité à en être exhibé par le général romain vainqueur en un grandiose défilé romain, Mithridate voulut mettre fin à ses jours avec deux de ses enfants.

Ses filles moururent sur-le-champ, lui pas. Le poison ne lui fut d'aucun effet, immunisé qu'il était. Après plusieurs tentatives inefficaces et face à l'urgence, il demanda à un chef gaulois demeuré fidèle Brutuitus de le passer au fil de l'épée, ce qui s'avéra radical.

Son histoire et celle de sa thériaque auraient pu disparaître avec lui. Il n'en fut rien, dans un de ces rebondissements dont l'Histoire nous réserve la surprise.

Féru d'histoire peut-être, soucieux de protéger la vie des Césars certainement — surtout la sienne — Néron découvrit et fit perfectionner la formule de l'antidote Mithridate par son médecin crétois Andromachus. Ce dernier trouva bon d'y ajouter vingt composants ce qui en porta le nombre à soixante-quatorze. Sûrement un moyen de justifier ou d'augmenter ses émoluments. Pas fou, lui… L'antidote devint Thériaque, nom donné par le médecin de Trajan : une sorte d'officialisation. Et cette Thériaque traversa les siècles pour paraître dans le Codex, recensant les préparations médicinales avant d'en disparaître, mystérieusement en 1908. Pourquoi ? L'usage des poisons était passé de mode peut-être, pas si sûr !

Un peu de médecine

Parmi ses nombreux composants nous aurions pu retenir plusieurs plantes comme la centaurée ou encore la cannelle, le coquelicot dont le suc parmi tous les pavots donne l'opium, nous leur préférerons aujourd'hui la grande gentiane qui nous semble l'élément majeur de la formule, une sorte de détoxifiant puissant.

Qu'est-ce que cette grande gentiane ?

La potion magique : à base de gentiane

LA GRANDE GENTIANE

En latin : *Gentiana lutea*

Ses pseudonymes : gentiane jaune, grande gentiane, insanna, jansonna, mais aussi quinquina indigène ou du pauvre.

Une panacée ?

La gentiane était considérée au Moyen Âge et déjà dans l'Antiquité, comme une véritable panacée : elle faisait partie de nombreux élixirs et préparations connus comme la Thériaque, nous venons de le voir. Elle était le pilier, avant l'apparition du quinquina, de la lutte contre toute sorte de fièvre. Son nom proviendrait soit de sa découverte par un roi d'Illyrie nommé Gentius, soit d'un médecin de l'antiquité nommé Gentius. Qui était réellement Gentius ? Difficile à savoir...

Ensuite Mithridate associé au roi d'Illyrie contre les Romains, l'utilisa, ils furent défaits ensemble. Puis la liste s'allongea passant par Dioscoride, Néron, Trajan et en fait de toutes les personnes susceptibles de craindre un empoisonnement ou d'en susciter... Ils contribuèrent à en développer l'utilisation.

Des racines à ramasser en fleurs

C'est la racine de gentiane que l'on utilise avec ici un risque grave de confusion avec l'hellébore, très toxique. Une de ses voisines des plateaux de moyenne altitude, de terrain calcaire, que ce soit dans les Alpes, le Jura ou le Massif central, est le vératre ou hellébore blanc et la confusion est possible entre les deux sortes de racines. En cas de doute, pour la ramasser, attendre la floraison de la plante. En fleurs, par d'erreur possible. La reconnaissance est aisée la grande gentiane fleurit jaune et en grappes tandis que l'hellébore, elle, fleurit blanche.

Les vieilles racines de préférence

C'est à l'automne que l'on va ramasser ses racines. En France, c'est la troisième plante médicinale récoltée en volume : soit 1 500 tonnes, annuellement ; puis, on les laisse sécher avant de les utiliser. Les jeunes racines de gentiane ne doivent pas être récoltées, mais au contraire préservées. On privilégiera celles de plus de 10 ans sachant que la plante peut vivre 50 ans.

On peut les consommer en décoction à raison de 2 g par tasse, on prendra 3 tasses par jour, en cure, selon le conseil médical ou l'indication recherchée.

Mais aussi en macération froide en mettant 15 g à macérer 4 h dans un litre d'eau, on filtre et on boit là aussi trois tasses par jour.

En ajoutant 1 kg de sucre, on obtient un sirop possible à donner aux grands enfants.

Ses propriétés médicinales

La gentiane agit principalement sur la digestion

Les racines contiennent des secoiridoïdes dont l'amaraugentine et le sweroside, des alcaloïdes dont la gentiannine et la gentianidine, des glucosides et des flavonoïdes. Autant de principes actifs et d'antioxydants. Parmi ses composants, on retrouve trois glucosides, dont un actif reconnu contre le paludisme appelé autrefois fièvre tierce.

Tous ces composants améliorent la digestion, sont antioxydants et immunostimulants en favorisant la fabrication des globules blancs.

Tonique digestive, la racine sert à ouvrir l'appétit lorsque celui-ci s'avère défaillant. Elle fait ainsi saliver.

Mais, elle active aussi la digestion en stimulant l'excrétion de bile et soulage l'estomac sans être du tout irritante. Elle fait disparaître les ballonnements et les flatulences, elle est roborative. Elle augmente aussi la production de salive. La plante est également antivomitive, sauf, à trop fortes doses, où elle peut être au contraire vomitive.

C'est la plante souveraine contre la fatigue notamment lorsque celle-ci est liée à une mauvaise digestion. Enfin, elle est antiparasitaire notamment contre les vers intestinaux.

Seules contre indications : la femme enceinte et allaitante, l'enfant en dessous de 3 ans, la présence d'un ulcère à l'estomac, d'un reflux gastro-œsophagien, d'une hypertension artérielle.

Clin d'œil

Excellent au goût et efficace en thérapeutique, que demander de mieux que le vin de gentiane : on laisse macérer une nuit 20 g de racines dans un litre de vin blanc, on filtre et voilà un excellent apéritif. Des apéritifs que l'on trouve d'ailleurs dans le commerce sous le nom de Suze, Salers, Avèze.

Fracastor

Le diascordium, le mal français et les roses rouges de Damas

Un peu d'histoire

On est en 1535, vainqueur de Pavie dix ans auparavant, l'empereur Charles Quint traversait la ville italienne de Peschiera. Il était en fait venu, à la mort du duc François II Sforza, pour « contrôler » la succession du duché de Milan, ou plutôt, mettre la main dessus. En effet, François Ier, son éternel rival, depuis peu libéré de captivité, aurait bien aimé lui aussi récupérer la couronne ducale.

La foule se pressait donc intensément autour du cortège impérial, augmentant la chaleur déjà produite par un soleil harassant. L'idée de l'empereur était de gagner au plus vite un palais à l'ombre pour fuir cette poussière dorée volant partout soulevée en nuages étouffants, par les sabots des chevaux, au point de rendre même la respiration haletante. La progression était bien trop lente à son goût tant le monde venu l'admirer, ou opportunément l'honorer, était dense.

Le mal français : bien peu catholique

À ses côtés, toujours à l'affût, ou en quête d'ouailles, le cardinal Madrucci lui fit remarquer, perdu au milieu de la foule, un petit homme au physique banal, mais facilement reconnaissable, à son nez aplati et retroussé. Il fallait avoir l'œil torve et Madrucci l'avait particulièrement.

Il avait immédiatement identifié le bonhomme réputé être un peu rebelle, un peu poète et un peu médecin à ses heures.

Fracastor (1478 - 1553) était surtout connu grâce à son poème composé sur le mal dit « des Français ». Notre homme composa ainsi en vers, l'une des premières descriptions de la syphilis, lui donnant son nom tout en décrivant ses traitements.

Un mal apparu en 1493 lors du passage précédent des soldats de Charles VIII à Naples et faisant suite aux « rencontres fortuites », spontanées ou forcées des soldats du roi de France et des Napolitaines les moins farouches, attirées ou contraintes par l'uniforme.

On doit à la vérité historique de reconnaître que la syphilis décrite par Fracastor, aurait plutôt été introduite en Europe par les équipiers de Christophe

Colomb à son retour des Amériques. Mais ne retardons pas davantage la découverte de ce morceau d'anthologie *médicus poéticus.*

Le poème : *syphilis sive morbus gallicus* par Hieronimii Francastori.

Chose étrange ce mal introduit dans le corps
parfois avec lenteur se traduit au dehors
et souvent sans qu'il donne un signe manifeste
la lune quatre fois forme son plein céleste
il se cache, il hésite, il couve sourdement…

Ce mal : Francastor lui donne un nom : Syphilis, du nom du pâtre Syphile fausse victime de Vénus.

Il continue son poème :

Syphilis à ce nom que saisi de scrupule
Un vulgaire lecteur s'épouvante et recule..
Mais comment aborder l'histoire ou le poème
D'un fléau qui pour nous est encore un problème
Être indéfinissable agent mystérieux
Qui naquit on ne sait en quels temps en quels lieux.
Soit que le mal impur, dès le berceau des âges
Ait sur le genre humain promené ses ravages
Soit qu'il ait pris son vol depuis un temps moins long
De ce monde inconnu que devina Colomb
Et que l'Amérique ait conquis l'Europe conquérante…
Ce grand empoisonneur tient tout sous son empire.
Il saisit à la fois le docte et l'ignorant

Le riche en son hôtel, le pauvre en sa cabane
L'impie et l'homme saint qu'abrite mal la soutane.
Il n'est pas un seul homme et dans l'homme une seule veine
Où quoique bien souvent encore non révélé
Le virus destructeur ne soit inoculé…
Et les rois, chevaliers dans leurs ardeurs courtisanes
Peuvent mettre en leur lit des maîtresses bourgeoises
Sans voir sous leurs rideaux semés de fleurs de lis,
L'inévitable mort escortant syphilis…

Un poème à la Virgile, poétique et scientifique à la fois, qui fit date au point qu'on le cite encore et que le nom donné au mal est toujours utilisé, même si la maladie a été remplacée par une autre, plus grave encore.

Le plus drôle est à venir : cette ode syphilitique ou mal des Français fut dédiée en son temps, au cardinal Bembo (pas Bimbo SVP) secrétaire du pape Léon X…

Doit-on y voir une astuce, une provocation, ou simplement une ode honorifique ?

Cuisante cette ode, dans tous les cas

Qui pourrait trancher sur la destination première de ces vers, à part l'intéressé lui-même, depuis longtemps disparu peut-être même d'une infection vénérienne ? On s'égare. Continuons notre « peu saine » lecture.

Après une description scientifique des atteintes syphilitiques, poétiques, mais très crues, que nous vous avons évitées, le Dr Fracastor insiste sur les traitements à donner, susceptibles selon lui, d'entraîner des guérisons. Non pas tellement le mercure alors largement utilisé, que des plantes : comme le gaïac, la salsepareille ou encore le sassafras, mais aussi la squine... On ne peut de nos jours, vous en conseiller l'essai, mais avançons sur son découvreur.

Qui était donc ce docteur Fracastor ?

Né à Vérone en 1483, dans une famille prospère, Jérôme a mal débuté son entrée dans le monde : né les lèvres soudées, on eut bien du mal à l'alimenter avant une opération libératrice.

Mais ce n'est pas tout. Toute jeune encore, alors que sa mère le tenait dans ses bras, elle fut frappée par la foudre. Lui s'en sortit sans une égratignure, mais il devint orphelin.

Être miraculé était signe d'avenir prometteur, pour une fois les auspices ne se trompèrent pas.

Jérôme débuta par la poésie, puis la philosophie, le droit à Bologne et Padoue. Il y rencontra Copernic et ce fut l'astronomie. Déjà un bel éventail.

Selon ses biographes, ce serait même à force de contempler les étoiles qu'il aurait donné cette forme si particulière et si reconnaissable à son nez.

À Padoue, où il devait s'ennuyer, il eut l'idée d'étudier les mathématiques, et la médecine. Pourquoi pas, ça manquait à sa panoplie.

C'est ainsi qu'il fut nommé médecin en 1502, pas mal : il n'avait alors que 19 ans. Encore à la recherche de sa voie, il exerça la philosophie pendant 1 an avant de devenir le médecin personnel de celui qui allait devenir le pape Paul III. Bien joué…

Ce fut alors pour lui une ascension vertigineuse : il devint très vite célèbre traitant la stérilité de Catherine de Médicis avec le résultat que l'on connaît. Elle enfanta au moins trois rois de France : excusez le peu pour une femme stérile, au départ.

L'ode vénérienne pour le secrétaire papal

C'est en 1530 déjà bien en place, qu'il composa le poème qui contribua largement à sa célébrité un poème, comme on l'a vu, dédié au secrétaire pontifical. Il fallait oser dédicacer un poème sur la syphilis à un homme d'Église, les tabous n'existaient pas encore. Du moins pas les mêmes… Il ne s'arrêta pas là.

Après avoir beaucoup bourlingué passant du pontificat aux troupes vénitiennes, vers la fin de sa vie, retiré dans la maison de campagne de son enfance, près de Vérone, il consacrait son temps à soigner ses voisins par les plantes qu'il connaissait et utilisait largement.

Mais il réservait à ses amis ses réflexions un peu amères sur l'incompréhension du monde et à l'étude de ses chères étoiles, une passion qui ne le quitta jamais.

C'est ainsi qu'à 71 ans, il mourut d'apoplexie plutôt… d'incompréhension : ce 8 août 1553, privé de parole par son apoplexie, il ne put se faire comprendre sur le traitement à lui administrer et n'eut donc pas droit aux sangsues et aux herbes aromatiques qui l'auraient peut-être sauvé.

Six ans plus tard, sa ville de Vérone lui édifiait une statue.

Avec, sur le socle cette inscription : *Hieronimo Fracastori ex publica auctoritate anno MDLIX*

Un peu de médecine

C'est qu'en dehors de la description de la syphilis, Fracastor établit aussi les premières règles d'hygiène, définissant les modes de contagion. Il en donne la description dans son traité *contag et morbis contagiosis.* Et dans ce même traité, il confie la recette d'un élixir souverain : le fameux *diascordium* pour empêcher toute contagion et toute évolution funeste de maladies : telles que la syphilis, mais aussi la phtisie.

La potion magique : Le *diascordium*

Pour la syphilis il utilise essentiellement le gaïac, la salsepareille, le sassafras et la squine.

Nous allons étudier certains de ses composants, peut être ceux les moins connus. En premier :

LE GAÏAC

En latin : *guaiacum officinalis*

Son domaine : essentiellement du fait de sa dureté l'ameublement, la confection de poulies, de quilles ou de palets pesant jusqu'à 10 kg. Mais aussi la détection des polypes intestinaux, le traitement des rhumatismes et l'utilisation comme antioxydant.

Cet arbre est originaire des Antilles, d'Amérique latine, le Venezuela essentiellement.

Ses propriétés médicinales

C'est son écorce que l'on utilise en médecine, sous forme de décoction. Mais, son bois fournit aussi une résine, base de la teinture de gaïac, qui constitue un réactif pour la détection de sang dans les selles comme dans l'ancien test de dépistage du cancer colorectal : ou Hémocult II.

Un des constituants de la résine, l'acide mésonordihydroguaïarétique, est un bon antioxydant, comme les saponosides dont la plante regorge. Mais cette résine est susceptible de déclencher des calculs rénaux (on parle de lithiases rénales).

La décoction a été prônée par Fracastor dans le traitement de la syphilis et de la tuberculose. La sève servait au traitement de l'arthrite. La résine est utilisée comme plante médicinale depuis plus de cinq siècles et est inscrite à la pharmacopée française depuis 1884.

Il est un des composants du sirop de salsepareille composé.

En République dominicaine, le gaïac constitue un « élixir de jouvence » appelé mamajuana (ne pas confondre avec une autre plante).

Il rentre aussi dans la composition de dentifrice, ou encore de parfums comme senteur de fond ou liant de senteur.

Clin d'œil

Plutôt triste : l'exploitation exagérée de l'arbre l'a presque fait disparaître de ses terres d'origine

Clin d'œil 2

Du test au gaïac au test immunologique.

Le passage du test de dépistage du cancer colorectal à base de gaïac au test immunologique est effectif depuis le début d'année 2015. Plus performants, les tests immunologiques permettent de détecter environ deux fois plus de cancers et trois à quatre fois plus d'adénomes avancés.

À côté du gaïac une autre plante en vedette :

LA SALSEPAREILLE

En latin : *Smilax*

Mais aussi ses pseudonymes : salsepareille d'Europe, liseron épineux.

Son domaine d'action : la peau, les articulations, les reins et le sexe.

Au fait d'où provient le nom de cet arbrisseau se rependant un peu comme des treilles ; Plus précisément de l'espagnol, du portugais et de l'arabe mêlé. De l'arabe *zarza* : épine et de l'espagnol *parilla* : treille. Ainsi ses vrilles se répandent jusqu'à plus de trois mètres de haut. Ses lianes sont si solides que la pénétrer est souvent difficile et périlleux à cause de ses épines. Sa floraison se fait en été sous nos climats et les fruits arrivent en fin d'année à maturité.

Le saviez-vous ?

Dès le milieu du XVIe siècle, on trouve déjà l'utilisation de la salsepareille comme plante médicinale. Ambroise Paré lui-même l'aurait employée.

C'est un arbuste qui s'est bien acclimaté en France, mais qui préfère les terres sèches des continents américains, africains ou asiatiques.

Dans nos jardins, elle est désormais cultivée comme plante ornementale.

Ses propriétés médicinales

En cas de refroidissement et de douleurs.

C'est la racine de la plante que l'on utilise en médecine pour ses actions diurétiques et activant la circulation. Elle lutte efficacement contre les refroidissements et les douleurs articulaires.

Drainant les émonctoires, elle est aussi efficace contre les maladies de peau que ce soit l'eczéma ou le psoriasis.

Mais la racine a aussi la réputation d'être stimulante au point d'être... aphrodisiaque. Efficace, elle l'est aussi pour combattre la ménopause.

Historiquement, efficacement c'est moins sûr, Fracastor en tout cas, combattait la syphilis et la tuberculose grâce au sirop de salsepareille.

Décoction de racine

La décoction de racine se prend à raison d'une cuillérée à soupe par tasse deux à trois tasses par jour en cure selon l'affection.

Les jeunes pousses peuvent aussi être consommées à la manière des pousses d'asperge.

Clin d'œil 1

La salsepareille en littérature : La plante est celle préférée des Schtroumpfs et selon Peyo sa consommation leur donnerait cette couleur bleue si caractéristique. Aux doses usuelles vous pouvez vous rassurer, vous ne risquez rien.

Clin d'œil 2 dans le Ve art

Dans L'Homme qui n'a pas d'étoile (*Man without a Star*) réalisé par King Vidor en 1955, c'est la boisson conseillée pour l'after quand le whisky a trop coulé à flots (Bof, bof).

Dans le film *The Big Lebowski* des frères Coen (1998), on la retrouve consommée en boisson.

Dans la série télévisée *Mentalist*, en 2013, la salsepareille est une boisson que commande Patrick Jane au bar. À tester dans une prochaine soirée à la place du *Mojito*.

Allez une autre belle inconnue ou insuffisamment connue :

LA SQUINE OU ESQUINE

En latin *Chinae radix* ou *Smilax china*, racine chinoise

Ses propriétés médicinales

Sudorifiques : oui.

Contre l'hépatite, la syphilis, la tuberculose, les ulcères d'estomac, contre la « chaleur du sang » : non

Encore une liane décidément : Cet arbre ligneux se développe par des tiges pouvant atteindre le sommet des arbres. Son bois était utilisé en Chine contre la syphilis déjà. Fracastor aurait il été inspiré ou renseigné ?

Pour la beauté des femmes dans les bains en Égypte.

Peut être ramenée dans les malles de Marco Polo à son retour, la squine étymologiquement » racine de Chine », a été cédée, moyennant espèces sonnantes et trébuchantes, à la riche République de Venise pour lutter contre la maladie sexuelle et la phtisie (tuberculose). Montaigne lui-même cite la plante : « salsepareille et bois d'esquine ». Finalement un petit peu profiteur notre toubib, à tout le moins opportuniste.

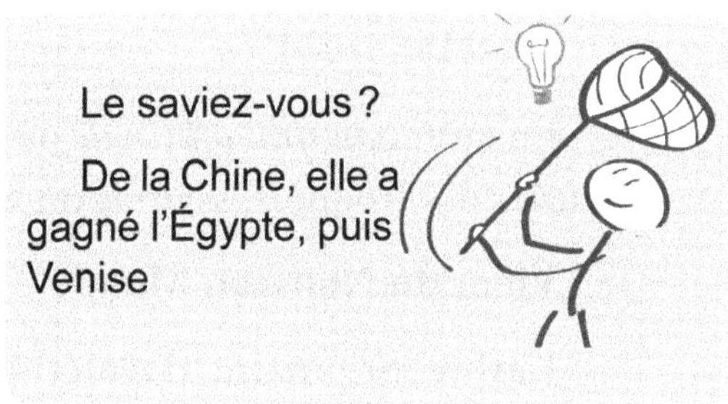

Fait suer : si la racine tortueuse avec un goût voisin de celui du réglisse est sudorifique, quant à ses autres propriétés, on peut en douter pour ne pas dire plus.

En conclusion, si la plante est tombée dans l'oubli, finalement, ce n'est pas trop grave. Charles Quint lui-même, ayant essayé contre la syphilis l'esquine peut-être sur les conseils de Fracastor, ou d'un prélat de son escorte qui sait ? (On retrouve souvent les compétences là où effectivement elles se situent, pas nécessairement où on les attendrait.) Charles Quint l'a très vite abandonnée pour reprendre du gaïac. Aucune efficacité avérée donc pour combattre les MST ni la tuberculose. Pour une fois, l'histoire a bien fait de mettre en sourdine l'utilisation de la squine. Passons à plus sérieux : le sassafras.

LE SASSAFRAS

En latin *Sassafras officinale* ou *Albidum*, mais aussi laurier des Iroquois, saxifras ou saloop.

Vient du Nouveau Monde

L'arbre originaire d'Amérique ou d'Asie peut atteindre 18 mètres. Son bois a une odeur de fenouil et son feuillage celle des agrumes.

Originaire de la côte est du Nouveau Monde (entre le Maine et la Floride), le sassafras était utilisé par les Indiens (Choctaws, Cherokee). Son écorce, ses racines et ses feuilles mais surtout son bois servaient en médecine, surtout en cuisine, pour parfumer les plats. En particulier le *gombo* ou filé, des cuisines créole et cajun. Une vertu culinaire reconnue très tôt par les Indiens Choctaw.

Lors de la colonisation du Nouveau Monde par les Espagnols, le sassafras fut rapidement rapporté en Europe… pour s'en servir.

Ses propriétés médicinales

L'addiction au tabac, la constipation, comme diurétique, les rhumatismes, le ballonnement abdominal, le stress, l'immunité en général.

L'utilisation en infusion du bois diminuerait l'addiction au tabac chez les personnes désireuses d'arrêter de fumer. Pourquoi ne pas essayer. Pas dangereux en tout cas, et moins cher même que la cigarette électronique.

Le bois est surtout utilisé contre les troubles digestifs, des ballonnements à la constipation en cas de colopathie en général.

Une efficacité avérée également comme antiseptique, anticatarrhal et sudorifique. Des propriétés qui justifient l'utilisation du sassafras par Fracastor, comme de la salsepareille, du gaïac dans un électuaire appelé *Diascordium* comprenant en plus des roses rouges de Damas et aussi du *scordium*, de la cannelle, de la gentiane ou encore du gingembre. Tout un beau programme ayant au moins l'avantage d'être exotique et peut-être… efficace.

Grâce à ses composants aromatiques, le sassafras est aussi efficace contre les rhumatismes, les inflammations des voies urinaires, mais aussi sur les atteintes de la peau comme en cas de psoriasis par exemple.

Mode d'emploi

Comme épice : les feuilles sont séchées, broyées puis finement tamisées. Cette poudre est un ingrédient (aromatisant et épaississant) essentiel de la cuisine cajun. Les racines donnent une infusion qui évoque l'orange et la vanille, elles sont utilisées comme aromatisant du tabac (censé aider à arrêter de fumer bizarre), des crèmes glacées, des dentifrices.

En médecine, c'est son bois grisâtre riche en veines concentriques et non son écorce rougeâtre qui est employé. Aromatique rappelant l'odeur du fenouil, il est riche en huile essentielle notamment en safrole, alpha-pinène et béta-pinène, phellandrène.

L'utilisation de la décoction ou de l'infusion doit être limitée à 7 jours.

Utilisation et précautions d'emploi de l'huile essentielle (HE).

Attention, pas d'usage interne, l'HE est interdite par voie interne. Le safrole est réputé cancérigène (hépatocarcinomes) et l'HE est interdite aux femmes enceintes, aux femmes allaitantes et aux enfants de moins de 12 ans.

En usage externe

Dans l'eau du bain, l'huile essentielle de sassafras est un bon stimulant qui va aider à surmonter une fatigue, va aussi soulager des douleurs rhumatismales, musculaires et aussi l'hypertension artérielle. Elles avaient bien raison les belles Égyptiennes.

En application faciale, l'huile essentielle de sassafras combat l'acné comme beaucoup de maladies de peau.

Sur compresses, elle guérit les plaies, soulage les piqûres d'insectes et d'autres irritations cutanées.

L'eau de mélisse des carmes

Avicenne, comme ses confrères arabes, connaissait déjà la mélisse favorisant la « cordialité » ou pour son action antiépileptique, on mettait même alors de la mélisse dans les gâteaux pour ses vertus tour à tour apaisantes et stimulantes.

Un peu d'histoire

Procession à Vincennes de l'Ordre des Carmes

On est en 1250, Saint-Louis est roi de France. Ce jour de novembre était aussi gris que cet étrange cortège avançant depuis la forêt vers le château de Vincennes. Étaient-ils allés prier sous le fameux chêne où le roi était censé rendre la justice ou bien se ressourcer à la manière des druides en puisant l'énergie de l'arbre royal ? Ne sachant rien, on peut tout supposer ; on vous laisse imaginer.

Avançait donc ce cortège d'hommes en longues robes de bure originellement blanches, coiffés de mitres similaires à un vrai bonnet phrygien qui rappellerait de loin la mitre épiscopale. Un couvre-chef composé en fait de franges et de bandelettes rayées noir et blanc, qui en retombant sur le côté recouvraient le haut de leur robe. Très burlesque en somme cette déambulation, à défaut de se vouloir somme toute fort spirituelle…

Ces silhouettes étranges étaient en fait et peu en fêtes, des moines missionnés de l'Ordre des Carmes. Fraîchement débarqué de Terre sainte, le roi les avait fait mander. Ils venaient honorer leur souverain chrétien en lui apportant une sainte relique dont le monarque était si friand collectionneur et qu'accessoirement, il payait à prix d'or.

Un ordre orthodoxe ou peu catholique ?

Cet ordre était déjà ancien et très « riche ». Ne raconte-t-on pas en effet que son père fondateur n'était autre qu'Élie, le célèbre prophète biblique. Un prophète et un ordre mythique qui avaient su depuis essaimer et faire école au point de compter parmi ses membres, Pythagore, mais aussi des druides, des Esséniens dont le Christ en personne…

Un ordre religieux disons, diversifié, versant aussi dans le chamanisme, mais aussi possesseur de secrets médicaux, et susceptible de faire des miracles, par imposition des mains par exemple. Peut-être pas toujours très catholique… Quoique, ça ne vous rappelle divinement personne ? Les miracles ?

Ils avaient essentiellement, en dehors du pouvoir des mains, la haute main sur les plantes médicinales et leurs vertus.

Chamans certes, mais aussi et peut-être surtout bons commerçants, ils s'établirent en France, à Paris, d'abord aux Célestins, puis place Maubert. Le meilleur moyen de rentabiliser leurs connaissances botaniques fut de commercialiser une liqueur « divine » de leur invention.

Une création qui, dès 1348, produisit en même temps que leur renommée, leur richesse. Grâce à elle, dit-on, une épidémie de peste fut même stoppée.

De quoi faire un beau buzz médiatique et réussir un bon lancement.

Belle histoire donc que celle de l'eau de mélisse des Carmes, pour être tout à fait honnête, peut être trop belle pour être vraie ?

Autre version peut-être tout aussi historiquement fausse, mais au moins amusante : l'eau de mélisse aurait bien été inventée par les Carmes, mais beaucoup plus tardivement et pour être précis, le jour de la Pentecôte en l'an de grâce 1611. Intervention extra terrestre de l'Esprit saint, pourquoi pas ?

C'est à croire ou à laisser : cette liqueur serait née alors au monastère Saint-Joseph tout juste fondé par les « Carmes déchaussés ». Un Ordre spartiate, au moins au niveau des pieds. Pour le reste à chacun de juger. Lequel monastère se situait, semble-t-il, dans le quartier du Luxembourg.

L'eau de mélisse une eau bien riche, mais peu chaste

Pour son histoire tout se complique encore : la recette de cette liqueur aurait été en fait mise au point par un médecin syrien qui l'aurait lui-même confiée à un certain frère Damien juste avant d'être « religieusement occis ». L'eau de mélisse ne suffit pas à lui sauver la vie, mais garantit un bon paradis terrestre au frère Damien et à ses suiveurs : en montant la formule, en fabrique, puis en la mettant en barrique, ils ne sauvèrent peut-être pas l'humanité, mais leurs finances sûrement. Tout ça pour quoi ?

Une eau de mélisse qui se révéla vite propre à dissiper les « mauvaises humeurs » comme on disait alors : celles provenant d'un foie engorgé, d'un estomac paresseux, ou encore d'un cœur défaillant, au point de risquer de provoquer une syncope, un malaise. Et les syncopes ne manquaient pas. Comme les saints Coptes : Un vrai marché à condition de bien… savoir le développer.

Confesseurs des puissants, des nobles et des seigneurs, les Carmes étaient naturellement et spirituellement destinés à être d'excellents commerciaux pour répandre dans les cours et les palais, leur liqueur : l'eau de mélisse. Une eau capable d'effacer bien des maux…

Vous voulez des preuves historiques les voilà : avant même Madame la Duchesse de Bourgogne, grande utilisatrice de la liqueur, le cardinal de Richelieu soignait ses migraines avec. Elles étaient si nombreuses qu'il en avait toujours sur lui, de l'eau, au point de faillir indirectement en succomber.

Précisément en ce 10 juillet 1635, lorsqu'il ouvrit son flacon de mélisse, il lui trouva une odeur bizarre. Une odeur peu catholique (facile, ok) et il avait le nez fin, le cardinal (quoique). Bien lui en prit de ne pas y gouter, un puissant poison avait en effet été introduit dans la préparation.

Madame du Berry, Richelieu, le roi et surtout la Palatine

À son tour, « converti » à l'eau de mélisse, le roi accorda aux Carmes issus de la réforme de 1605, des lettres patentes pour son exploitation. Il faut dire que la mère du Régent, la princesse palatine avait fait du « lobbying » avant l'heure et pourquoi donc ? Elle était une grande consommatrice de boudin. Vous ne voyez pas le rapport, on y arrive…

Le boudin avait bien du mal à passer aisément le long de tout son tube digestif et elle payait ensuite très cher ses excès de table. Cela tournait vite au boudin… sauf que miracle :

Depuis qu'elle consommait l'eau de mélisse à la bouteille, elle n'avait plus aucun problème pour digérer le sang du cochon et tous ses produits dérivés.

Ravie de cet effet quasi « miraculeux », elle en fit plus que la promotion d'abord chez tous ses parents d'outre-Rhin, eux aussi grands consommateurs de charcuterie. Ainsi, positionnée juste à côté de la bière, l'eau de mélisse eut de beaux jours prussiens devant elle. Et en France ce fut une manne. Ne dit-on pas « copain comme cochon » ? On considère que la vente de la liqueur rapportait alors plus de 3 000 livres par mois aux « bons Pères », une vraie fortune pour l'époque.

Mais ce succès appela beaucoup de convoitises au point d'en faire l'objet de nombreuses contrefaçons.

1789 : l'eau de mélisse passée à la guillotine et victime de Paradis

Pour avoir commercialisé une de ces pâles copies d'eau de mélisse, l'histoire a retenu le procès intenté et gagné par les Carmes contre un apothicaire installé aux piliers des halles et qui dut mettre sa clé sous ses « albarellis » désormais vides à jamais de toute plante médicinale. Une histoire rentable qui aurait pu continuer tranquillement de bien rapporter, mais vint 1789… et sa terrible casse de l'histoire de France.

Nouvel avatar donc pour la liqueur : la révolution confisqua les biens des Ordres religieux allant même jusqu'à les dissoudre. Mais on ne dissout pas si facilement un bon filon : l'eau de mélisse perdura.

Filous les Bons Pères : Pour continuer l'exploitation de leur eau, les moines quittèrent la robe pour le tablier de commerçants. Moyennant une contribution à l'assemblée de plus de 60 000 livres annuelles, qui a parlé de racket du pouvoir, ça ne vous rappelle rien de plus actuel, la vente put continuer avec un succès qui ne se démentit plus.

Une organisation temporelle bien huilée qui prit tout de même fin en 1831 lorsque le dernier frère « héritier » de la formule et du pactole partit au ciel. Du moins on peut le, supposer, ne se nommait-il pas, frère Paradis, ça ne s'invente pas. Finie la liqueur, pas tout à fait…

Cahin-caha, les deux siècles suivants virent la vente de la liqueur se maintenir avec un lot croissant de copies et les procès qui en découlaient.

Sous le nom « d'eau des carmes Boyer », son repreneur Boyer eut même un stand à l'exposition universelle de 1889 soit cent ans après avoir failli disparaître. Elle était dénommée alors, pour faire moderne : « secret des grands-mères ».

Un peu de médecine

De nos jours encore, l'eau de mélisse des Carmes existe et connaît même un beau succès. Intox, arnaque, que peut bien contenir cette « liqueur des anges » ?

La potion magique

De l'alcool certes, mais reprenons précisément la description initiale :

Mettre dans une curcubite (sorte de cornue)

1 poignée de feuilles de mélisse

1 once d'écorce de citron, de noix de muscade, de semences de coriandre, de girofle, de cannelle,

2 litres de vin blanc et d'esprit-de-vin rectifié

Laisser macérer 24 h en agitant régulièrement puis chauffer au bain-marie pour obtenir 1 litre de produit.

Simple, mais est-ce la bonne formule ? Seul le frère Damien pourrait le dire et il y a bien longtemps qu'il ne dit plus rien, d'audible, le pauvre, si on peut dire...

LA MÉLISSE

En latin : *Melissa officinalis*

Mais aussi : mélisse citronnelle, citronne, herbe au citron, mélisse des boutiques, piment des abeilles, des ruches, céline, ponchirade, thé de France...

Le miel et les abeilles

En grec, *melissa* signifie abeille, car la plante par son odeur, ou ses fleurs, attire tout spécialement ces insectes.

Originaire du pourtour méditerranéen, la plante apprécie les régions chaudes, mais s'acclimate parfaitement dans nos jardins occidentaux. Ce sont ses fleurs et ses feuilles que l'on va utiliser.

Avicenne, comme on l'a vu, l'utilisait pour « rendre le cœur joyeux et content et affermir les esprits vitaux ». À sa suite, ses confrères occidentaux l'utilisèrent largement aussi bien pour combattre l'apoplexie, que l'épilepsie ou encore les psychoses dont la manie et la mélancolie.

Une vraie panacée ou un vrai « fourre-tout médicinal » ?

L'eau de Mélisse eut surtout son succès lorsque « ces Dames » avaient leurs vapeurs ou tombaient en pâmoison, essentiellement suite à un repas trop riche ou à une contrariété mal assumée.

Quelques gouttes sur un morceau de sucre faisaient même revenir nombre de ces « Dames » à elles, un peu comme les sels réservés au même effet. Ces belles personnes avaient en fait, souvent fait un malaise un peu « diplomatique ».

La digestion, rien que la digestion, toute la digestion

La cible majeure de la mélisse est la digestion, facilitant le passage de ce qui a du mal à bien passer. Antispasmodique, la plante soulage un estomac irrité, un intestin enflammé par des colites, mais aussi les douleurs différentes, mais toujours spastiques, comme celles des règles par exemple.

Elle calme également les maux de tête, les vertiges et les bourdonnements d'oreilles. Quant à son action contre la neurasthénie et l'épilepsie, elle reste encore à démontrer. Associée à la lavande, en revanche, elle facilite l'endormissement.

En feuilles, en fleurs, en eau

On utilise les feuilles et les fleurs en infusion à raison d'1 cuillérée à soupe par tasse et trois tasses par jour en cure d'une à deux semaines.

Dans l'eau de mélisse, on trouve aussi une épice :

LA CORIANDRE

En latin : *Coriandrum sativum*, mais aussi : persil chinois.

Combat les gaz sous toutes ses formes : flatulences, aérophagie, constipation. Mais elle est aussi anti *burn-out*, calmant nerveux, anti-âge.

Cette punaise qui conserve

« Je prends de la coriandre après mes deux verres de limonade (appelée aussi limonade des capucins) et cela me fait du bien » : selon Madame de Sévigné le 2 juillet 1690. Mais oui ça fait du bien et pas seulement à Madame la marquise.

Étymologiquement, son nom signifie en grec : « punaise » peut-être lié à l'odeur de punaise écrasée que donnent ses semences.

Connue de longue date, la plante est courante dans l'Antiquité. Égyptiens, Hébreux ou Chinois l'utilisent fréquemment, pas toujours pour ses vertus matérielles.

Elle est en effet surtout connue pour ses vertus disons un peu surnaturelles : jetées dans le feu, ses feuilles étaient censées chasser les démons peur être par leur odeur si particulière. Les démons ont-ils un bon odorat ? Voilà une question importante, non encore tranchée. Surnaturelle encore, au point de faire partie de nombreux philtres aux multiples vertus : amoureuses certes, mais pas seulement ; extatiques, mais pas seulement... Son effet n'est en fait pas très loin de celui de l'alcool.

Plante médicinale, mais aussi aromatique, cultivée en Europe depuis Charlemagne elle accompagne souvent le poivre, elle est aussi utilisée pour la conservation des viandes et dans la cuisine pour son goût si particulier.

Le XVIIIe siècle a vu son expansion folle au point que l'on cultivait la coriandre jusque dans la région parisienne. Une culture qui a chuté, à l'instar du safran, va-t-elle reprendre ?

Car, on la retrouve de nos jours dans de nombreuses liqueurs médicinales : l'eau des Carmes bien sûr, mais aussi le ratafia, le sirop de séné ou l'Izarra vert ou jaune, célèbre alcool du Pays basque. Bon vous l'accorde : peut être pas uniquement médicinales ces préparations.

Une huile anti oxydante

Ces propriétés viennent en plus de sa provocation d'effets délirants que nous ne détaillerons pas ici. Utilisées dans les lupercales, ces fêtes romaines du loup ne sont plus à fêter, donc respectons l'abstinence… ou presque.

Nous détaillerons essentiellement donc ses propriétés digestives : c'est ainsi une excellente plante pour combattre ces « vents gênants » comme ceux de l'aérophagie, accompagnant les digestions pénibles elles aussi, d'ailleurs génératrices de flatulences, mais aussi de spasmes digestifs. Une vraie boucle infernale.

En cas de constipation, un massage à l'huile essentielle de coriandre sera du meilleur effet. Parallèlement, la coriandre est un calmant nerveux aidant à diminuer l'angoisse et la nervosité souvent génératrices d'insomnie, tout en redonnant du tonus, à utiliser donc en cas de *burn-out* débutant par exemple.

Dernière découverte : la coriandre ferait partie des épices permettant d'éliminer les métaux lourds de notre corps, de nettoyer nos cellules de ces substances responsables de leur mort prématurée. La coriandre serait, en cela, un excellent détoxifiant, anti vieillissement.

Ses semences sèches

L'infusion ne doit se faire que sur les semences sèches, jamais sur la plante fraîche potentiellement toxique. Comme avec l'alcool, on risque l'ivresse. À éviter donc.

En revanche, on peut utiliser sans crainte les semences sèches que l'on laisse infuser à raison d'une cuillérée à soupe par tasse. On en prendra une tasse après chaque repas en cure d'une à deux semaines.

Pour les plus pressés : non pas tellement la teinture mère de fort mauvais goût, mais l'huile essentielle à raison d'une goutte dans une cuillérée de miel à la fin de chaque repas, en cure toujours d'une à deux semaines.

Mieux et plus efficace encore, car « direct sur zone » : en massage du ventre dans le sens de la digestion de la droite vers la gauche en suivant l'intestin : on se masse deux fois par jour avec la préparation suivante : 2 gouttes d'essence de coriandre mélangée à une 1/2 cuillérée à café d'huile végétale de macadamia, par exemple.

On obtient une huile de massage personnelle en laissant macérer 15 jours en plein soleil 50 grammes de graines de coriandre dans un litre d'huile d'olive, en pressant et en passant, l'huile est ainsi prête à l'emploi. Ne se conserve que quelques semaines.

Une préparation que l'on peut aussi utiliser contre les rhumatismes en massant les articulations douloureuses.

Clin d'œil :

la coriandre fait partie des condiments utilisés pour parfumer la bière.

Elle est aussi un des composants de la harissa, à éviter cependant, chez toutes les personnes souffrant de maux d'estomac ou d'hémorroïdes. Elle parfume aussi le couscous.

Un autre composant de l'eau de mélisse et non des moindres, décidément riche la formule :

LE GIROFLIER

En latin : *Eugenia caryophyllata*

Clou de girofle

Un éventail d'actions assez large :

- Préparation à l'accouchement, maux de dents, digestion difficile, infections ORL : oui,
- aphrodisiaque : pas si sûr.

Thérapeute des îles Moluques

Quand au XVIIe siècle, les Hollandais débarquèrent aux îles Moluques, ils eurent la mauvaise idée pour faire du feu, de couper du bois. Peu sensibilisés à l'écologie, ils ont ainsi détruit tous les genévriers pourtant fort nombreux sur les îles. Ils devaient vraiment avoir besoin de se réchauffer !

Le résultat ne se fit pas attendre : survint une épidémie de maladies infectieuses, absentes jusque là.

À moins que les vecteurs infectieux ne fussent les envahisseurs eux-mêmes, ou les deux. Dans tous les cas après la destruction du milieu naturel, les dégâts humains furent tout aussi considérables. L'homme n'est qu'un élément de la Nature, hélas la nature humaine ne lui apprend pas toujours ce principe fondateur ou trop souvent destructeur. Citons Paracelse toujours : « tout est potentiellement bon ou mauvais selon la dose ».

Accouchement express et autres propriétés.

C'est la plante de l'accouchement par excellence ou pour un accouchement d'excellence. En renforçant les contractions utérines, elle prépare idéalement à un accouchement « TGV » donc moins longtemps douloureux : pas mal non ? Mais ce n'est pas tout…

Elle est aussi un excellent anesthésique local notamment pour les maux de dents ou les problèmes ORL.

Excellent stimulant digestif, elle ouvre aussi l'appétit, comme elle contribue encore à combattre les épisodes infectieux.

Aphrodisiaque, le giroflier l'est de réputation, usurpée ou non à vous de vérifier et surtout ne manquez pas de nous tenir informés.

Utilisation du clou de girofle

On va, comme dans les îles, essentiellement utiliser son bouton floral ou clou de girofle et en décoction (laisser bouillir 15 min).

30 clous pour 1/3 de litre d'eau et on en prendra une a deux tasses par jour, les jours précédant la date prévue de l'accouchement sinon en cures de deux à trois semaines. Possible aussi en inhalation.

Jacques Cartier et le cèdre blanc

Un peu d'histoire

Envoyé le 10 aout 1534, par François Ier découvrir une voie vers le Nouveau Monde, Jacques Cartier (1491 - 1557) avait en fait découvert le Canada. Notamment, la baie du fleuve qu'il nomma du nom du saint du jour : Laurent. Il devint donc le Saint-Laurent. Son retour en France fut triomphal pour cela et aussi pour avoir commercé avec les Iroquois. Un commerce en fait bien singulier : il avait ramené dans ses bagages, deux Indiens nommés : Domagaya et Taignoagny, les propres fils de Donnacona, le chef des Iroquois. Grâce à de menus présents et des « maxi-promesses », ils s'étaient laissés convaincre de le suivre en Europe. Pour eux, le début d'un vrai calvaire. Pour des raisons de curiosité occidentale malsaine, invités à de nombreux cocktails dont ils étaient l'attraction, ils allaient au-devant d'une mort certaine. Atteints par des maladies que l'on pourrait qualifier de « nosocomiales », suite aussi à de nombreuses expositions véritablement de « foire », ils ne devaient pas faire de vieux os en Europe et jamais ne revoir leur pays d'origine.

« Merci, Monsieur Cartier notre, bien disant protecteur. »

Dès son retour à bon port d'origine, Saint-Malo, Cartier n'avait eu de cesse que de repartir vers ce nouvel Eldorado, encore vierge d'Européens.

Saguenay, Hochelaga aout/octobre 1535

Il ne tardera guère. Dès l'année suivante, il repartit, précisément le 19 mai 1535. En longeant les côtes canadiennes, il suivit tout bonnement la route empruntée par les pêcheurs de morue et les chasseurs de baleines. Sa mission était, avec ses deux gros bateaux (*La grande Hermine* et *La petite Hermine*), mais aussi avec un plus petit, et plus manœuvrable, *L'Émerillon*, de remonter le fleuve Saint-Laurent qu'il avait baptisé l'année précédente, oui, mais, pour aller jusqu'où ?

Il commença par planter son camp de base à la rivière Sainte-Croix, au pied de la croix qu'il avait fait ériger, pour se mettre bien avec Dieu – tout en passant aux yeux des Indiens, pour un sorcier blanc – puis il remonta le fleuve. Traversant le Québec, il rejoignit Hochelaga. C'est là qu'il dut abandonner *L'Émerillon* pour continuer à la barque, jusqu'à un village iroquois qu'il atteignit le 2 octobre.

En fait de village, plutôt un gros bourg où vivaient plus de 2 000 Amérindiens. Situé au pied du mont aussitôt baptisé Mont-Royal (Montréal) en l'honneur du roi de France. Des rapides en amont lui interdirent d'aller plus loin. Impossible pour lui donc de pénétrer plus à l'ouest et de rallier, « le royaume de Saguenay » que les Iroquois lui avaient présenté, comme un véritable pays de cocagne.

Son retour fut même précipité par les relations jusque là cordiales avec les Indiens et brusquement devenues tendues. En même temps, pour comble d'infortune, s'annonçait un hiver précoce, et donc menaçant d'immobiliser dans les glaces les bateaux français… Certainement un effet induit par des chamans indiens mécontents.

En fait, dès novembre, les bateaux de l'expédition française furent pris au piège du gel avec en prime un fléau, une épidémie de scorbut qui s'abattit sur l'équipage malnutri.

Le scorbut, ou déficit en vitamine C, était en fait lié à l'absence trop longue d'alimentation fraîche apportant la dose quotidienne de vitamine.

Pourtant à tout mal, son remède : la parade vint des Indiens eux-mêmes. Peu rancuniers, ils aidèrent à sauver les marins en leur dévoilant une recette ancestrale efficace pour lutter contre la maladie, elle avait pour nom : l'anedda, ou tisane de cèdre blanc. 75 % des marins en réchappèrent et lui durent la vie. Sans elle, il n'y aurait pas eu de quartier dans l'expédition de Cartier (un peu facile certes, mais bon…)

Reconnaissant, le navigateur nous a retranscrit la recette de l'anedda : *Il falloit piler l'écorce et les feuilles dudict bois, et mettre le tout bouillir en eau.* Difficile de faire plus simple…

Suite à tous ses déboires, ou malgré eux, Jacques Cartier finit tout de même par rentrer entier en France et retrouver Saint-Malo, son port d'attache le 16 juillet 1536.

Quand le Canada devint une nouvelle colonie

Le 17 octobre 1540, François Ier confiait au navigateur breton comme nouvelle mission de retourner au Canada, mais cette fois-ci afin d'y établir une colonie française.

Jean-François de La Roque de Roberval, un courtisan huguenot, et donc, habile homme d'affaires, essaya de supplanter Jacques Cartier sur le projet. Jacques Cartier finit tout de même par appareiller avec cinq navires cette fois et mille cinq cents « colons » pour une traversée qui allait durer plus de trois mois.

Il ne put ramener « au pays », parmi les Iroquois transplantés, qu'une fillette réchappée de la curiosité mortelle des Français. On ne sait pas pourquoi cette extermination n'a pas ému plus que ça, les vertueux défenseurs des droits de l'homme. À moins qu'ils ne fussent pas si vertueux que cela…

Pour toutes ces raisons et suite à toutes les tromperies successives, n'étant désormais plus les bienvenus à Stadaconé, les colons s'établirent au pied du Cap-Rouge (à cap Diamant), renommé Charlesbourg Royal.

Une expédition qui, vu la nature et le profil des colons, tourna très vite au fiasco. Afin de se prémunir des conséquences de cette catastrophe, Cartier laissa seul La Roque de Roberval se débrouiller sur place, puis subrepticement, rentra sur Saint-Malo pour avertir le roi, les absents ayant toujours tord, de l'échec de son coexpéditionnaire.

La petite colonie, à la suite de différentes péripéties (querelles, batailles, maladies), finit par s'éteindre toute seule en 1543, quelques survivants, très peu en définitive, demandant à être rapatriés.

Mais revenons-en à notre potion magique indienne. En quoi consistait-elle donc ? Qu'est donc l'anedda ?

La potion magique

Le Cèdre blanc de l'Est canadien

Le cèdre blanc est en fait le constituant essentiel de l'Anedda.

Celui qui constitue nos haies de clôtures, et que nous nommons thuya occidental est en fait une espèce de conifère du genre Thuja de la famille des Cupressacées. Originaire du nord-est de l'Amérique du Nord, il y est appelé « cèdre blanc », ou encore « cèdre blanc du Canada ». La potion était donc constituée de thuya. Dans ce qui va suivre, vous allez pouvoir recycler vos haies vieillissantes ou attaquées par une maladie assez toxique en une boisson bienfaisante, pas seulement recommandée contre le scorbut.

Un peu de botanique

Haie en occident, antibiotique naturel aux Amériques, voire plus

Élément de construction, le cèdre blanc est déjà reconnu pour sa grande résistance à la pourriture et aux attaques des insectes. Pas si mal pour un début…

Les composés aromatiques présents dans le bois sont d'excellents agents de conservation naturels, bloquant la croissance, entre autres, des champignons. Ce qui assure une longue durée de vie au cèdre blanc dans la nature. Mais aussi pour des utilisations domestiques telles que : poteaux, toitures, mobilier de jardin, clôtures. Ainsi un poteau en cèdre blanc a une durée moyenne de vie de plus de vingt-huit ans contre cinq à dix ans pour un acacia déjà réputé pour être l'« arbre de fer ». C'est dire…

Naturellement et depuis toujours, l'arbre pousse sur une large superficie ; depuis en fait la région des Grands Lacs canadiens, jusqu'à la baie d'Hudson. Introduit en Europe à la fin du 16e siècle, il s'y est bien acclimaté, même si actuellement il a l'air de souffrir et d'être dans les jardins progressivement remplacés par un cousin plus résistant encore que lui : le cyprès de Leyland. Il en est condamné à son tour à être amputé, maltraité pour demeurer contrôlé en haies séparatives.

La rusticité du cèdre blanc et son peu d'exigence sur la nature des sols lui confèrent une grande résistance qui lui assure – en évitant une taille agressive et en le laissant s'épanouir – un beau développement.

Un développement également possible dans les zones marécageuses ou les forêts humides. Adaptogène, il devient bonsaï naturel lorsqu'il se niche dans des falaises pauvres en sol arable, ventées et exposées à tous les vents.

Au Canada, couramment, l'arbre peut ainsi atteindre quinze à vingt mètres de haut avec un tronc de plus quarante centimètres de diamètre, parfois même beaucoup plus.

Attention donc à ne pas se laisser piéger par un achat en jardinerie qui risque vite de devenir envahissant…

Son écorce rouge brun est disposée en d'étroites bandes longitudinales.

C'est son écorce qui concentre ses principes actifs que l'on va utiliser.

En tant que plante majeure, le thuya appartient à la pharmacopée des peuples amérindiens. C'est une plante quasi sacrée entrant dans la composition de nombreux remèdes notamment destinés à lutter contre la fièvre, à combattre la toux, mais aussi les rhumatismes et les sueurs. (À part les Occidentaux, on se demande qu'est-ce qui pouvait bien faire suer les Indiens... De la médecine ne versons pas dans la géopolitique.)

Des propriétés médicinales, au départ au moins liées à ses supposés pouvoirs ésotériques, le thuya est ou était plutôt employé en combustion au cours ou au décours de prières ou de cérémonies pénitentielles religieuses ou chamaniques. Devant un aussi sujet brûlant (il fallait l'oser, nous l'avons fait), nous ne nous pousserons pas plus avant, manquant à la fois de recul (pour avancer ?) et surtout de proximité chamanique iroquoise. Nous sommes toutefois preneurs de toute information complémentaire venant de nos lecteurs spécialistes en « Iroquoisie ».

Plus prosaïquement, tous ces jardiniers amateurs, ces fous du sécateur ou du taille haie qui taillent ou tailleront leur haie de thuyas seront aimables de m'avertir si cet exercice fut pour eux, extatique. Pour ma part je n'ai jamais eu cette chance dans ce que je considère trop souvent encore, comme une corvée.

En plus, comme on l'a déjà dit, l'espèce étant très riche en essences aromatiques, cette taille peut être potentiellement allergisante chez des personnes sensibles et ceci à la fois au contact, mais aussi en inhalation. En ce sens, le port d'un masque protecteur, de lunettes et de gants n'est pas inutile.

En plus de l'effet protecteur, l'effet de surprise est garanti : vous impressionnerez vos voisins. À ce sujet, n'hésitez pas à les prévenir du risque qu'il y a à tailler s'ils sont asthmatiques. On parle ici du risque d'allergie et pas celui résultant d'une fausse manœuvre, consistant à sectionner le fil électrique du taille haie. Le risque alors étant surtout électrique, vous risquez de ne pas avoir le temps de développer une allergie, sinon, foudroyante…

Plus agréable : pour vos parties de canotage en marne ou plus généralement en rivière de par sa résistance à la corrosion et sa légèreté, vous pouvez monter vos cadres de canots en thuyas. Demandez à Caillebotte notre peintre et architecte naval, il vous conseillera simplement, mais à titre posthume.

Un peu de médecine

Un antibiotique vert, nous persistons

De par sa richesse en vitamine C, le thuya présente des propriétés immunostimulantes pour prévenir et même mieux combattre les infections, qu'elles soient bactériennes ou virales.

Son utilisation est rendue encore plus efficace si on prend soin de l'associer à une autre plante, elle aussi amérindienne : l'échinacée.

Une action anti-infectieuse préventive donc, mais aussi thérapeutique pour traiter les infections des voies respiratoires en complément des antibiotiques. Par exemple dans les infections bactériennes respiratoires, telles que les bronchites, ou ORL telles que les angines, les pharyngites, les otites ou encore les sinusites. On est loin du scorbut, mais on tourne toujours autour de la vitamine C et de son rôle immunostimulant par son action intestinale notamment.

Ainsi c'est la richesse en vitamine C du cèdre blanc qui sauva les marins de Jacques Cartier, leur permettant de combattre efficacement le scorbut. En plus de la vitamine C, l'écorce de cèdre blanc contient un composé aromatique puissant : la thuyone. Un principe actif présent dans la grande absinthe et qui lui aurait donné sa mauvaise réputation tout à fait injustifiée. Prise à doses exagérées, cette essence peut certes entrainer des troubles rénaux ou encore digestifs : maux d'estomac, vomissements, diarrhée ; beaucoup plus rarement des troubles nerveux comme des convulsions.

C'est en agissant sur des récepteurs cérébraux que la thuyone pourrait causer ces effets secondaires négatifs.

Si la liqueur d'absinthe était toxique, c'était essentiellement dû à un trop fort dosage en alcool.

L'écorce oui, mais comment l'ingérer ?

Faire une infusion d'une cuillérée à soupe de feuilles, mais surtout d'écorce par tasse d'eau bouillante. Laissez infuser 5 minutes.

Le saviez-vous ?

D'autres plantes contiennent de la thuyone :

- l'absinthe ;
- la climacie arbustive ;
- l'evernia ;
- le genièvre ;
- la sauge ;
- la tanaisie ;
- le thuya d'Orient.

Si vous laissez bouillir trop longtemps, l'odeur et la saveur rendent le breuvage difficile à absorber.

Prendre 2 à 3 tasses par jour pour toutes les personnes atteintes de scorbut, je sais c'est rare de nos jours et tant mieux. Encore que certaines personnes âgées puissent manquer de vitamine C.

La recette est aussi valable pour lutter contre les infections ORL et bronchopulmonaires, et là les cas sont plus nombreux ouf.... La durée de traitement est de 4 à 5 jours.

Attention

Ne jamais associer des infusions de cèdre blanc et des médicaments anticonvulsivants sous peine de diminuer l'action thérapeutique de ces derniers.

La liqueur allemande

Nos voisins allemands souffrent d'une mauvaise réputation, liée essentiellement selon nous, à une habituelle et forte constipation, cause d'une abondante et brutale exonération. Ce n'est pas du tout une opinion personnelle tout à fait infondée, mais celle de Madame la Princesse palatine.

Un peu d'histoire

Les selles allemandes et la Palatine

Dans une de ses lettres ne signale-t-elle pas, la princesse, que les rues de Fontainebleau avaient un aspect innommable principalement dû à la présence des Cent Suisses affectés à la garde du roi… Ça commence bien, mais le pire est à venir :

Pour la plupart d'origine allemande, les dénommés Suisses faisaient preuve de vraies prouesses en matière de… défécation, pas seulement en qualité, mais surtout en quantité… Inutile d'insister.

Laissons à Madame Palatine, la responsabilité de ses affirmations, sans chercher à connaître ses sources (pas très bon, mais on n'a pas toujours les références que l'on veut) et nous allons essayer de continuer sans nous étendre plus avant sur le sujet sous peine de risquer sérieusement de nous étaler.

Pour en remettre une couche, je plaisante, une plaisanterie alsacienne raconte même (mais n'est-ce pas une basse vengeance entre voisins) que lorsqu'on réunit trois Allemands, deux seulement sont présents en permanence, le troisième étant au lieu d'aisance… Juste observation ou règlement de compte contre des voisins parfois encombrants, encombrants ou encombrés ou les deux ou l'un expliquant l'autre ?

La constipation à toutes les époques

Dans tous les cas, il est un fait d'observation, donc difficile à nier : l'importance qu'ont pris de tout temps et prennent encore les purgatifs dans la pharmacopée allemande.

Une importance si ancienne même qu'elle pourrait être la cause de nombreux blocages… historiques.

Si Montaigne, en son temps, dans un de ses livres, a stigmatisé l'importance du climat sur la mentalité et le comportement des peuples, on devrait se pencher plus « profondément » sur leurs lieux d'aisance et les exonérations qu'ils engagent. Attention cependant de ne pas perdre l'équilibre. Une étude sur les excréments qui permettrait certainement de mieux comprendre leur tempérament et leurs comportements, pas seulement alimentaires.

En effet, comment se sentir libre et bien à l'aise, quand on est bouché.

De là à composer un traité sur la constipation et son rôle dans l'histoire des peuples, le travail reste entier, à oser, pour un étudiant en quête de thèse médicale. Une thèse qui serait pour une fois plus largement utile à la compréhension profonde de l'âme humaine à travers son tube digestif, et ainsi sur sa façon de digérer les choses comme les gens d'ailleurs.

Le médecin du dauphin (et futur Louis XIII) ne s'y était pas trompé, sa journée médicale débutait toujours par l'analyse des selles et des urines royales : un petit déjeuner peut-être un peu rébarbatif, semble-t-il.

Pipi caca : ou le bon baromètre

Arrêtons ce pipi caca simpliste bien que le retour aux « sources » prélude souvent au début de la sagesse. Ainsi, arrêtons ce traumatisme facile : peu importe le temps passé sur son lieu d'aisance si, comme son nom l'indique, on a pris soin de prendre ses aises et surtout si le résultat est à la hauteur de ses attentes. Sinon la frustration sera proportionnelle à l'inconfort. Conseillons donc à nos hommes politiques, de mieux se pencher sur le sujet ou du moins l'objet (pas trop tout de même) pour mieux s'élever, le fumet sociétal en serait tout autre.

Revenons à nos constipés germaniques : en complément des dires de feu la Princesse palatine, Pierre Gaulius, prussien comme son nom ne l'indique guère, colonel de cavalerie et commandant d'un peloton de l'armée du duc de Saxe Weimar, Pierre Gaulius donc se servait déjà « en quelque sorte pour mettre à l'aise et en selles, ses cavaliers », d'une préparation à base de Jalap, de scammonée et de turbith pour, affirmait-il, se « libérer le ventre ». De selles en selles… ainsi s'écrit l'Histoire…

Remède de cheval

Un remède connu de ce côté-ci de la frontière comme un remède de cheval et non de cavalier (les vétérinaires français le donnaient en effet aux chevaux, merci de ne pas établir de conclusions hâtives), il devint vite le « remède allemand » puis enfin, à cause de sa forte teneur en alcool : « l'eau-de-vie Allemande ».

La formule du colonel fut publiée à Iéna en 1667 par le docteur Guerner Rolfink dans son traité complet sur les purgatifs végétaux (vous nous croirez désormais lorsque l'on vous dira que c'est un sujet sensible… outre Rhin) appelé : liber de *purgantibus vegetalibus*. Inutile de traduire n'est-ce pas ?

Un peu de médecine

Moins constipés, peut être, de ce côté de la frontière, il fallut attendre le XIXe siècle pour que cette eau-de-vie, ou teinture de jalap composée, prenne toute sa place dans la pharmacopée française. Une arrivée faisant en fait suite à la campagne militaire menée en 1809 en Moravie et en Bavière par l'empereur Napoléon Ier. Toujours soucieux du bien-être de ses troupes, il rapporta la formule dans ses malles et, dès 1812, elle apparut dans le formulaire magistral et mémorial pharmaceutique.

La potion magique

Vous allez avoir la chance unique ou inique d'en connaître la formule originale :

Mettre à infuser à 20 ° pendant 24 h
8 onces (80 grammes) de jalap concassé
2 onces (20 g) de scammonnée
1 once (10 g) de racine de turbith
6 livres (950 g) d'eau-de-vie à 60 ° (tout de même)

Filtrer, prendre une tasse de 20 g, si l'on veut tester son effet purgatif.

Que peut-on retenir de cette préparation adaptée aux intestins germaniques (aux appareils digestifs notamment prêts à attaquer la journée avec une préparation laxative peut être, une eau-de-vie chargée en alcool sûrement, un vrai booster en quelque sorte) ?

Peut-on facilement la transposer chez nous, sans risque de débâcle et pas seulement militaire ?...

En premier lieu, étudions :

LA SCAMMONÉE

En latin *Convolvulus scammonia*, c'est une plante grimpante vivace. Ça permet déjà de la repérer plus facilement, n'est-ce pas ?

Cette plante, originaire du bassin méditerranéen (Jordanie, Israël, Syrie, Liban, Turquie) ressemble trait pour trait, au liseron des champs.

El Sachmunia

Dioscoride, ce médecin grec de l'Antiquité utilisait la plante dans une préparation appelée *scammonium*. En fait il s'agissait du jus obtenu par l'incision de sa racine. Il en parlait ainsi dans son livre nommé *materia medica.* Mais les médecins arabes utilisaient aussi abondamment la plante qu'il nommait le purgatif *El Sachmunia*, comme son nom l'indique certainement…

Avec le temps, la scamonnéel est devenue un des constituants majeurs du diaphoenix, fondateur même de la pharmacopée maritime occidentale au XVIIIe siècle, peut-être en hommage aux marins de Jacques Cartier ; Qui sait ?

L'Électuaire diaphoenix était en fait une préparation à base de dattes mises à chauffer dans de l'hydromel, avec du gingembre et de la scammonée.

Le diaphoenix était un puissant purgatif, même à petites doses et ne devait donc pas être employé trop longtemps sous peine d'irriter la muqueuse intestinale et d'entraîner des troubles sanguins importants, notamment accompagnés d'un manque de potassium.

Dans la gamme des « débouche tout » existait un autre électuaire, le diaprun solutif, à base lui de tamarin et de scammonée toujours. Elle ne nous quitte pas et c'était lui aussi un redoutable purgatif.

La liqueur allemande

La scammonine ou jalapine est le principe actif de la scammonée mais sous forme inactive. Il est activé lors de son passage dans l'estomac, surtout au contact de la bile et devient alors un puissant purgatif. Une action obtenue en activant les sécrétions des glandes intestinales. En plus de son effet laxatif, la scammonée est aussi anti parasitaire notamment envers le vers solitaire, mais pas exclusivement. De quoi faire courir toute une armée d'Allemands. À méditer pour les prochaines batailles, s'ils font encore partie de nos ennemis.

Mode l'emploi

On consommera la résine obtenue par extraction du jus lui-même provenant obtenu de la racine, dans une solution alcoolisée à raison de 3 ou 4 graines en une journée à ne renouveler que sur avis médical et jamais sur une période prolongée, sous peine de risques sérieux d'irritation du colon entraînant des désordres électrolytiques. Trop compliqué, on oublie et on laisse ça aux « Outre-Rhénaux ».

Voyons maintenant une autre belle plante…

LE JALAP

En latin *Mirabilis jalapa*, ou merveille du Pérou, mais aussi belle-de-nuit : elle ne s'épanouit en effet que dès la tombée du jour, pour se refermer à l'aube. Une plante qui pousse aussi bien dans les plus beaux jardins, que sur les terres en jachères et pas dans les bois…. Ne dérivons pas.

Un peu d'histoire : De l'Amérique du Sud à nos jardins occidentaux

Originaires d'Amérique subtropicale, les Aztèques l'utilisaient déjà pour ses vertus médicinales. Effrayants, tous ces constipés à travers le monde… un mal existant en fait depuis qu'Adam a quitté le jardin d'Eden. Événement initiateur des troubles du transit donc, mais n'en tirons pas de conclusions hâtives.

Au Brésil, les Indiens kayapos sniffaient la poudre de fleurs séchées pour soigner les maux de tête, notamment lorsqu'ils avaient fait un peu trop de libations, en l'honneur de leurs dieux certainement. Ils utilisaient aussi des décoctions de sa racine pour laver les plaies et traiter des affections dermatologiques comme la lèpre.

Lorsque la plante fut introduite en Europe à la fin du XVIe siècle, son nom lui fut donné par le botaniste Linné en référence au latin *mirabilis* (admirable) pour la couleur éclatante de ses fleurs. Et jalapa pour son origine guatémaltèque supposée (la région du Jalapa). À moins que l'on ne fasse allusion à la ville mexicaine Xalapa ou Jalapa. Peu importe après tout, toujours est-il que la première semence a été mise en place en France dans le jardin royal de Paris et ceci, dès le début du XVIIe siècle.

Si en Europe, la belle-de-nuit disparaît en hiver pour revenir au printemps, sous les tropiques, elle est vivace et fleurit toute l'année. Très productive, auto fertilisante, la plante a même tendance à s'étendre très vite, colonisant de nombreux territoires.

Mode d'emploi des belles-de-nuit…

Sa racine est utilisée, selon la méthode indienne, en application locale, en cas d'entorse ou d'œdème post-traumatique, de même façon, contre les blessures et les piqûres d'insectes, d'abeilles ou de scorpions. On l'emploie alors en une sorte d'emplâtre.

Une racine qui est aussi vomitive et vermifuge. Ses propriétés antivirales (grâce aux roténoïdes contenus) la font utiliser contre l'herpès, mais aussi contre le VIH, donc comme anti-infectieuses.

Les traitements ne doivent cependant pas excéder quelques jours.

En infusion, on utilisera la plante entière à raison d' 1 cuillérée à soupe par tasse, 1 tasse par jour.

En macérats glycérinés les bourgeons sont pris sous forme liquide, à raison de 50 gouttes matin et soir.

On peut aussi en aromathérapie utiliser son huile essentielle.

Pour notre part, en l'absence depuis longtemps, heureusement pour la ville de Fontainebleau, de nouveaux témoignages provenant de la princesse palatine, nous ne saurions nous prononcer sur ce fait historique. En revanche, si vous êtes allemands, mais surtout fort constipés, seulement à ces conditions, vous pouvez toujours essayer la liqueur allemande, à consommer cependant avec modération, sous peine de risquer un siège prolongé sur la lunette des w.c. Pour les amateurs d'alcool original, quant à son goût, ne l'ayant pas essayé, je n'en dirai rien sinon qu'il me semble plus proche du schnaps, que du *mojito* boisson préférée du célèbre corsaire Drake et de nos nouveaux bobos écolos (certainement à cause de la menthe qu'il contient et qui en fait un breuvage médicinalement naturel).

Les pilules de Gérard Bontius

En dehors de la découverte d'une nouvelle partie du corps humain et de la mise au point d'une technique chirurgicale innovante, l'un des meilleurs moyens pour laisser son nom en médecine est encore d'inventer une médication utile universellement, même provisoirement, comme l'a fait Gérard Bontius (1536 - 1599).

Un peu d'histoire

Voltaire et la chaise d'aisance

Encore faut-il ne pas se tromper et bien choisir son domaine : celui des selles est au top 1, au XVIe siècle, j'ai nommé la constipation.

« Cet ennemi mystère au point de souvent même résister aux clystères. »

On l'a vu « fondateur » ou confondant chez nos voisins d'outre-Rhin, mais le symptôme fait fi des frontières. Ainsi, nos ancêtres passaient beaucoup de temps sur leur fauteuil dit « d'aisance ». Un fauteuil utile et confortable, ça allait de soi. Ils avaient donc créé un « meuble d'appoint » bien vite devenu incontournable. (Bien plus confortable que nos lieux d'aisance modernes, plus faits pour vite déguerpir laissant la place nette ou non, selon les cas, même si épisodiquement des essais sont tentés pour transformer les tinettes en salons de lecture.) Un but vers lequel peut-être devraient tendre les nouvelles médiathèques toujours à la recherche d'idées nouvelles regroupant joyeusement nourriture livresque et défécation.

Et que dire de ces toilettes sèches si chères à nos bobos écolos. Enfermé, on n'a qu'une envie en complément de celle qui nous a fait entrer : les quitter, au plus vite tellement ces lieux sont peu accueillants et malodorants, envahis de bestioles scatophages : un bon moyen après tout pour lutter contre la constipation ou l'occupation intempestive.

Au XVIIe siècle, avant même : la cérémonie de la « royale défécation » était un événement très couru, généré pour, et géré en public, faisant suite au lever lui-même très prisé. Et selon le temps mis à l'émission « sur le trône » (origine du nom : le fauteuil vite percé, si on y fait de trop longues stations) par la royale personne, tel un baromètre, les voyeurs pouvaient ainsi établir un royal bulletin de santé journalier et circonstancié.

Passons, et revenons à notre sujet : la constipation, ce fléau, cet échec, ce désastre qui selon le grand Voltaire lui-même apparemment, très chatouilleux sur le sujet *qui faisait gonfler le ventre et ramollir le cerveau.* Rien de moins... Qu'en est-il de fait ?

Qui se dit bouché, imagine un nécessaire débouchage : d'où l'usage ô combien répandu alors du clystère, de nos jours, nommé lavement ou mieux « hydrothérapie colique ». Le principe, quelle que soit la technique est toujours le même : mettre le doigt… ou la canule là où ça fait mal, lâcher l'eau et essayer de récupérer ce qui sort, si ça veut bien sortir. Grâce au clystère, et grâce lui soit rendue, si ce bel ancêtre demeure un vrai mystère dont nous tairons par discrétion le mode d'emploi trop, disons rébarbatif. Son introduction sociale et anale fut un vrai progrès rendant de fiers services à ceux qui, par une nourriture peu équilibrée, avaient des difficultés à émettre ce qu'ils ne pouvaient ni surtout ne devaient, garder.

Coluche, Bontius

Quand ça bouche, ça bouche, jusqu'à remonter à la bouche, aurait dit Coluche : ni drôle à lire, ni agréable à subir et jamais facile à déboucher… Comment s'y prendre ?

Osons l'image : le bon docteur Gérard Bontius a senti « naître et tourner le vent du pet », de quoi émettre, son « débouche tout », un petit malin, non ?

La mise au point d'une formule laxative, dégageant les colons d'une armée de gradés ou non, mais constipés, fit pour lui, sonner les trompettes de la Renommée.

Ce vieil adage corse, peut-être, n'est-ce pas mon petit caporal ? Est bien connu : ce qui purge le plus grand nombre enrichit toujours son créateur.

Attention cependant l'histoire que l'on va vous conter, s'est passée chez nos voisins bataves peu éloignés génétiquement de nos autres voisins germaniques. Et si, par hasard, ou nécessité, la princesse palatine avait eu fichtrement raison et avait été décidément très psychologue ou à défaut, une redoutable observatrice, à voir... ?

Hollandais était en effet, notre instigateur des selles molles et donc faciles, à émettre, réussit surtout grâce au changement bénéfique des habitudes alimentaires. Sa célèbre « pilule Gontius » perdant assez vite de son lustre, sinon de son efficacité passa progressivement des toilettes à la trappe pour vite être oubliée.

Pour bien exonérer : une belle histoire de plantes.

Pour éviter à nos concitoyens, avec le retour de ce fléau, l'excès de selles, pardon de zèle et le ramollissement cérébral annoncé par Voltaire, nous allons essayer de réhabiliter la mémoire de notre confrère et surtout d'en faire mieux passer la pilule.

D'abord : qui était donc ce médecin, bienfaiteur incompris de l'humanité, insuffisamment honoré et reconnu et si peu connu ?

Né en 1536, à quelques années près, à Riswick, ça s'est sûr, Gérard Bontius étudia la médecine en même temps que le grec, à une époque où la médecine arabe étant à la mode, avait le vent en poupe.

Déjà atypique notre docteur souhaitant faire ses humanités refusant de devenir une « fashion victime » arabisante. Rebelle le Gégé !

Suivant et poursuivant son inclination antique naturelle, il persista à contre-courant, dissertant même sur un de ses célèbres prédécesseurs : Hippocrate.

Il enseigna longtemps à Leyde où il soigna aussi longuement. Jusque là rien de très original, mais ça allait vite se corser.

Esprit curieux et ouvert, ça va souvent de paire, il contribua à introduire dans sa ville beaucoup de variétés de plantes médicinales étrangères dont il usait abondamment au cours de son exercice médical, au point même de constituer un véritable jardin botanique qui lui survivra très longtemps, peut être même encore ?

Avant de disparaître ou pour ne pas disparaître totalement, ou comme ça, en fait, le 15 septembre 1599, il prit le temps de commercialiser une de ses formules thérapeutiques parmi les plus efficaces, celle de ses fameuses pilules hydragogues, dites plus simplement : laxatives.

La pilule en héritage

Il avait aussi pris le temps de mettre en route, puis au monde, trois fils qui allaient enrichir l'histoire familiale en devenant eux aussi médecins et comme tels, dignes successeurs de leur père ou presque, pour perpétuer l'originalité familiale.

En effet : le premier Jean partit exercer son art médical à Rotterdam. L'Histoire ne l'a guère retenu, on l'oublie donc, pour l'instant.

Le deuxième, enseigna lui aussi à Leyde et soigna. Fait d'armes : il eut comme patient ri le prince de Nassau. C'est beaucoup et peu à la fois, car, il mourut en 1623 sans rien écrire, ni créer apparemment, pas vraiment de la famille, le bougre. On peut aussi l'oublier pour s'intéresser au dernier beaucoup plus intéressant, le vrai héritier Bontius.

Ce troisième donc : Jacques, se sentit très jeune des fourmis dans le stéthoscope (pardon, erreur de l'auteur, il n'avait pas encore été inventé par Ignace Philippe Sommelweiss sous sa forme actuelle, seule existait la version de Laennec en forme de cornet acoustique, il fallait bien tendre l'oreille pour entendre). Encore que Laennec ne vint que de nombreuses années après. Dans le doute on oublie donc l'instrument, pour garder la pratique : l'auscultation ne devait se faire qu'à l'oreille après tout, point.

En tout cas il eut des fourmis qui le poussèrent à beaucoup voyager.

Voyageur, mais en fait surtout, observateur curieux

Après les Indes, il gagna la Perse, avant de se fixer à Java où il devint médecin de la bonne société de Batavia et de la compagnie hollandaise des Indes (étaient ainsi réunis le contenu et le contenant : la salade et le saladier).

OK c'est déjà un bon début, mais, partout où il passait, il faisait à la fois œuvre littéraire, mais surtout ethnologique. Ce qui n'était alors pas si fréquent.

Il consignait les faits observés, ses réflexions, mais aussi ses remarques sur les maladies locales et les moyens inventés par les natifs pour y remédier. Inventeur des circuits courts médicaux.

De ses observations, il a ainsi publié de nombreux livres tous très originaux, farfelus même parfois, ce qui est très loin de nous déplaire.

Un peu de médecine

Ainsi le *De medicarium indorum* édité en 1642, onze ans après sa mort survenue entre temps en 1631. Déjà étonnante cette publication posthume. N'aurait-il pas osé le publier de son vivant ? Quant à son contenu, il est encore plus étonnant.

Ce livre est, en effet, à la fois un des plus curieux et un des plus anciens sur les maladies dites exotiques.

On y retrouve ainsi une des premières descriptions faites du béribéri, dû à une carence en vitamine B1, simple exemple, comment résister à la lecture de quelques lignes ? Reprenons son texte et sa transcription initiale pour ne rien gâcher : *l'affection est caractérisée par une lassitude de tout le corps, par une diminution du mouvement et de la sensibilité par une titillation ayant pour siège les doigts et les orteils.*

Une maladie qui avait touché l'auteur lui-même au point même de lui faire perdre la voix.

Il l'avait tout de même retrouvée en se faisant frictionner tout le corps avec… de l'huile de naphte. Un traitement indigène du meilleur effet.

En dehors de ses observations purement médicales, Bontius nous a aussi laissé une description botanique précise de plusieurs plantes alors peu connues comme le théier, le cacao, mais aussi d'autres espèces animales elles comme… l'orang-outan. Éclectique non, notre auteur ! Et vous n'avez pas encore tout lu, tout vu, le pire ou le meilleur est à venir :

Si on le croit, et pourquoi ne pas le croire ? Dans ses pérégrinations, il aurait même rencontré un « satyre femelle » dont il ne nous a pas épargné la description. Pourquoi vous priver du plaisir de cette lecture ?

Pour lui donc : un satyre femelle *a un corps de femme selon les critères académiques, de nombreuses touffes de poils et… une tête de chatte barbue. Ne parlant, pas et n'émettant que des sortes de gémissements tout en se comportant comme un être humain…* (Note de l'auteur : toute ressemblance avec une personne existante ou ayant existé ne serait peut-être pas une coïncidence.) Le Docteur Jacques Bontius aurait-il eu des velléités fantaisistes de « faire le Jacques » ou une imagination trop riche, qui pourrait le dire de nos jours et comment ne pas demeurer perplexe ?

À moins qu'il n'ait, malgré lui, abusé de plantes à effet psychotrope ?

Autre curiosité de son livre, on la trouve dans les pages consacrées à l'hydropisie qu'il va se révéler comme le redoutable clinicien qu'il est, et ainsi révéler la recette des fameuses pilules hydragogues de son père. Une recette de famille qui était jusque là, restée, secrète.

Là encore, impossible de ne pas citer le passage en son entier. Il débute par la description de la maladie appelée alors hydropisie qui entraînait un gonflement important de la partie inférieure du corps souvent liée à un mauvais fonctionnement du foie (on parle de nos jours, d'ascite). Mais lisons-le plutôt :

L'hydropisie provient d'une intempérie froide du foie qui est due souvent à une obstruction chronique ; il en résulte un trouble dans la formation du sang. Le foie est en effet l'officine du sang ; lorsqu'il ne peut convertir en sang le chyle venu des veines mésaraïques, il engendre à sa place, une humeur séreuse et aqueuse ; on voit alors se tuméfier le corps entier ou l'abdomen sous l'influence de flatuosités ou de sérosités ; d'où trois variétés d'hydropisie, l'anasarque, l'ascite, la tympanite, d'une extrême fréquence aux Indes. L'organe principalement affecté est le foie. La maladie s'accompagne d'une toux sèche et de dyspnée parce qu'augmenté de volume, il tire vers le bas le diaphragme, gênant ainsi le thorax et les poumons. La maladie guérit bientôt grâce aux conseils de bonnes femmes ou simplement à la bonne nature secondée par un régime approprié. Le point capital consiste à évacuer l'humeur peccante : on corrigera ensuite l'intempérie du foie. On fera cuire dans un bouillon de poule des racines de squine, de salsepareille, de curcuma, de succise et de scabieuse. La décoction de gaïac est aussi utile. Nous nous appliquerons à l'évacuer par l'intestin au moyen de cathartiques violents.

La potion magique

Et la fameuse formule arrive enfin, ouf :

Faire dissoudre dans du vinaigre très fort de l'aloès, gomme gutte, gomme ammoniaque, à parties égales, puis exposer au soleil, exprimer et exposer de nouveau au soleil jusqu'à l'obtention de la consistance voulue pour une masse pilulaire.

En résumé et en plus simple : voici la recette des pilules du Dr Bontius telle qu'elle nous est parvenue, on mélange :

5 g d'aloès
5 g de gomme-gutte
5 g de gomme ammoniaque
Et 100 g de vinaigre blanc, on laisse macérer et réduire au soleil

La potion magique des docteurs Bontius à pour plante miracle : L'aloès

L'ALOÈS DES BARBADE

En latin : *Aloe barbadensis*, mais aussi Aloès du Cap, Aloès Soccotrin, Mazembron

Plante grasse succulente, panacée médicinale

Il existe plus de 150 espèces d'Aloès : plantes grasses succulentes, à feuilles épaisses et charnues, épineuses sur les bords, elles font des réserves d'eau dans leur feuille pour résister à la sécheresse. Ses fleurs sont jaunes.

L'Aloès était déjà connu en Grèce antique, couramment utilisé en Égypte pour embaumer les momies. Peut-être a-t-il aussi servi pour le corps de Jésus Christ. Est-ce pour cette raison spirituelle que Christophe Colomb l'aurait hissé au rang de panacée ? Une place qu'il n'a pas vraiment perdue pour ses adeptes et ils sont nombreux, de nos jours encore. De là à lui reconnaître toutes les vertus, il y a un pas, pas toujours aisé à franchir.

Des feuilles, un gel complet, complexe

Le gel d'Aloès est très riche. Il contient d'abord de l'eau, des graisses, mais surtout les acides aminés essentiels au bon fonctionnement du corps : sur les huit, il ne lui en manque qu'un le tryptophane. C'est dire ! Et il contient même de l'acide salicylique, pas mal non ?

Le suc tout simplement obtenu en coupant la feuille, éventuellement concentré par ébullition est un laxatif puissant. Gérard Bontius ne s'était pas trompé. Et c'est son action intestinale sur la flore qui explique son mode d'action.

Le « gel d'Aloès » est aussi utilisé en prime, pour la cosmétique et les produits amincissants.

Mais il est aussi cicatrisant et anti-inflammatoire en cas de brûlures, même après irradiation, en cas de crevasses, d'engelures, d'infections ou de difficultés de cicatrisation de plaies cutanées. La pulpe fraîche est alors appliquée directement. Il est aussi antidiabétique, anti-inflammatoire plus spécifiquement chez le diabétique : un « deux en un » en quelque sorte.

Il est aussi immunostimulant (anti-herpétique par exemple) et serait immuno modulateur de certaines tumeurs, propriétés faisant encore l'objet de recherches médicales.

Son mode d'emploi

En gemmothérapie : on en prendra 50 gouttes matin et soir de macérats glycérinés en 1 X (première décimale)

En suc et en gel.

En huile essentielle, sur conseil médical.

Attention

Pris trop longtemps le suc peut par son action laxative, causer des pertes de potassium sanguin et donc cellulaire, entraînant une baisse de tonicité intestinale avec constipation créant une sorte d'addiction engageant à augmenter progressivement les doses thérapeutiques pour reproduire les mêmes résultats.

Une baisse de potassium qui n'est pas bonne en particulier pour le cœur. Attention notamment en cas d'insuffisance cardiaque traitée par des médicaments diurétiques risquant déjà eux-mêmes de faire chuter les taux sanguins de potassium.

À haute dose, l'aloès induit une congestion du petit bassin et une excitation de l'utérus, raison pour laquelle il est interdit pendant la grossesse et l'allaitement.

Et… pour les apprentis meurtriers : la dose létale est de 1 gramme par jour sur plusieurs jours. Mais on ne va pas tout vous dire.

Bibliographie :

Lavergne Roger, *Les plantes médicinales Réunionnaises d'aujourd'hui*, Ed. Orphie. 2008.

Noor A, Gunasekaran S, Soosai Manickam A, Vijayalakshmi M. A. *Antidiabetic activity of Aloe vera and histology of organs in streptozotocin-induced diabetic rats. Current science*, 2008, vol. 94, n°8, pp. 1070-1076.

Autre plante miracle :

LA SQUINE

Plante d'Asie orientale, à fleurs en ombelles.

Sa racine était surtout employée en décoction pour ses vertus sudorifiques.

Utilisée également :

LA GOMME-GUTTE

Encore appelé « Jaune du Cambodge », c'est un pigment jaune orangé.

Elle provient d'un arbre du Nord-Est asiatique.

Rapportée de Chine en 1603, elle fut employée, d'abord comme purgatif, puis rapidement utilisée par… les peintres.

La gomme-gutte servit aussi à Jean Perrin prix Nobel français de physique en 1926 pour, la même année, la détermination exacte du nombre d'Avogadro. Il étudiait alors le mouvement brownien, vérifiant en cela, les théories d'Einstein.

Encore utilisée :

LA SUCCISE

En latin *Scabiosa succisa*, Mors ou remord du diable

Son surnom lui vient de la forme de sa racine : grosse, courte, plissée, fibreuse avec une échancrure en son centre censée reproduire la morsure du diable. Une plante qui préfère les milieux humides pour faire éclore ses belles fleurs mauves, ou bleu foncé aux étamines saillantes. Des fleurs persistantes de juillet à octobre.

Constipation surtout

La plante est dépurative en cas de constipation opiniâtre, expectorante en cas d'encombrement bronchique, efficace dans les maladies de peau, le serait même contre la gale et aussi antispasmodique en cas de douleur et congestion utérine. Toutes ces vertus grâce à la prise orale. Et aussi en gargarismes, contre les maux de gorge.

L'infusion

On peut consommer les jeunes feuilles en salade. Sinon, en infusion de la plante entière sans les fleurs à raison d'une cuillerée à soupe par tasse et deux à trois tasses par jour selon la pathologie sur une durée plus ou moins longue.

Armand Trousseau

Quand Armand Trousseau (1801 - 1867) monta de Châteauroux à Paris

Armand Trousseau, né le 14 octobre 1801, descend peut être de Jacques Cœur par « l'intercession » du duc Archevêque de Reims, du moins le croyait-il, ce qui est loin d'être sûr. Il vit le jour au 2 rue de la Galère : ça c'est sûr et ça ne s'invente pas. En fait, un an avant le grand Victor Hugo né lui en 1802. On retrouve à Tours le petit Armand trop vite devenu orphelin de son père, enseignant et proviseur de pensionnat.

Un peu d'histoire

Rhétorique, médecine vétérinaire, puis médecine tout court : des histoires de rencontres.

Il va se mettre à enseigner la rhétorique à Châteauroux. Il faut bien vivre et la rhétorique, toute théorique qu'elle est, s'avère alors bien pratique pour vivre. Au quotidien, la vie n'est en effet pas toujours facile pour la famille Trousseau.

Armand a toujours dû se battre pour avancer : il a commencé ses études dans des conditions financières précaires. D'abord au lycée d'Orléans, puis à l'université de Lyon. Revenant à Tours après ce premier tour d'études, où il enseigna, pour survivre, les lettres classiques.

C'est là qu'il fit une première rencontre marquante, celle du Dr Bretonneau, qui allait changer le cours de sa vie.

À cause ou grâce à lui, il monta sur Paris faire sa médecine, ce qu'il fit même bien jusqu'en 1825 date de l'obtention de son diplôme.

Trop facile! Et, Armand n'aimait pas les choses simples : déjà passer des lettres à la médecine n'était pas si courant au XIXe siècle, mais au cours de son internat médical, il se mit à avoir une attirance particulière envers les animaux.

Il étudia donc, parallèlement aux humains, l'art vétérinaire à Maisons-Alfort, où il passa même brillamment une thèse sur la chirurgie vétérinaire. Décidément trop simple. Il y apprit à ferrer les chevaux, ça peut toujours servir, ne sachant trop vers quelle voie (ferrée, oh) se destiner.

On vous avait prévenu qu'il était curieux et un peu dispersé notre Armand.

Il finit tout de même par choisir ses patients parmi les humains, tout en en soignant de drôles de spécimens : les malades psychiatriques de l'asile de Charenton, là même où s'était éteint, quelques années auparavant, le marquis de Sade ayant laissé à l'asile sa syphilis cérébrale et ses obsessions sexuelles.

Toujours aussi peu fortuné, un poste d'interne étant vacant à l'hôpital psychiatrique, il ne put refuser une telle opportunité.

Pour continuer de ne pas faire simple, ou simplement pour se changer les idées, il se mit à étudier le choléra, la diphtérie, vous ne voyez pas le rapport avec la psychiatrie, moi non plus. Peut-être était-il, là encore, inconsciemment, à la recherche d'une nouvelle rencontre ? Rencontre peut-être, ou simplement une nouvelle inflexion dans sa carrière naissante. Ayant démontré ses dispositions à l'étude des maladies infectieuses, portées notamment par des théories médicales innovantes, il fut envoyé en 1828 étudier la fièvre jaune… à Gibraltar. Les zigzags continuent…

Il retourne à Tours, en bande : avec son maître Bretonneau, et le Dr Velpeau (instigateur de la bande du même nom), il fonda l'École de Tours.

Nouveau succès qui le fit remonter de nouveau sur Paris où il est désormais reconnu, il devint ainsi professeur agrégé, puis médecin hospitalier en 1830.

Il enchaîna les hôpitaux : Enfants malades, l'Hôtel Dieu, puis Saint-Antoine avec la double casquette : enseignant et praticien. Il réalisa ainsi une première chirurgicale : une trachéotomie sur une enfant de 4 ans, sauvée ainsi du croup, appelé aussi diphtérie. On retrouve ici les bienfaits de ses premières amours chirurgicales développées chez les animaux à Maisons-Alfort. Mais écoutons-le :

Il ferma la plaie de trachéotomie nous dit-il avec « deux morceaux de Taffetas d'Angleterre de la largeur de la plaie avec une sorte d'agrafe pour faire tenir le tout ». Une première saluée d'une nouvelle reconnaissance qui lui valut en 1855, une consécration avec une entrée brillante à l'Académie de médecine.

Nouveau virage lui pas très brillant : la politique

Était-ce le résultat d'une nouvelle rencontre, ou d'un grand élan d'humanisme ou simplement d'un signe d'inconscience naïve? On observe souvent beaucoup de médecins, à force de combattre le mal, tourner mal, je veux dire, se diriger ou mieux… se perdre en politique. Leur humanisme les y entraîne, leur authenticité les y condamne à très vite s'en éloigner. L'expérience est rarement concluante, encore plus rarement encore durable.

Ce fut le cas d'Armand Trousseau : après la chute de la monarchie de juillet, il se présenta et fut même élu à la constituante, comme député d'Eure-et-Loir, le jour même de Pâques, ce serait trop cloche de ne pas le signaler, précisément ce 23 avril 1848, avec 34 % des votants. Une assemblée dans laquelle, Lamartine, fut lui-même nommé député de la Seine avec 80 % des voix. Une assemblée trop cosmopolite pour durer, qui tomba vite dans le lac.

L'aventure de Trousseau ne dura guère elle plus d'un an, le temps de comprendre qu'il n'y avait pas grand-chose d'humain dans ce qui était censé traiter des affaires humaines...

Il quitta donc l'Assemblée, l'année suivante le 26 mai 1849.

Idéaliste, il était pourtant bon orateur : on a ainsi gardé de nombreuses traces de ses discours. Comme de ses actes de bravoure : grâce ainsi à une de ses belles envolées verbales dont il avait le secret et à son charisme, il a pu stopper rien de moins qu'une révolte du peuple menaçant l'assemblée. Le peuple avait écouté, reconnu et cru Armand : en fait l'un des leurs. Car du bon sens et du pragmatisme, il en avait à revendre : Sous l'étiquette d'indépendant, pas étonnant, il s'opposa aussi aux grands travaux parisiens du Champ-de-Mars, employant une formule qui pourrait largement être réutilisée de nos jours : « Messieurs, dit-il, les ateliers qu'on dit nationaux, ne sont que la dilapidation du trésor public. » À méditer ! et surtout appliquer...

Son fils Georges : dandy mineur puis mineur en Australie

Autant sa vie professionnelle fut belle et riche, autant sa vie familiale, comme trop souvent avec les grands hommes, fut beaucoup plus obscure.

Il eut cependant un fils avec son épouse, femme si effacée que l'on ne trouve guère de traces d'elle. Voyons le rejeton !

Prénommé Georges, ce fils peu digne, ou en quête d'affirmation, « séchant » à l'ombre de son père, joueur invétéré, passait ses soirées au jeu avec le duc de Morny et jamais très loin d'une célèbre courtisane : Anna des Lions (réputée par la gent masculine pour ses rugissements de… plaisir, disait-on). Une passion qui lui coûta fort cher et le fit se brouiller définitivement avec son père. Il quitta la France ruiné et désavoué et entama un parcours qui connut lui aussi de sacrés virages.

Il se rendit d'abord en Australie, difficile de partir plus loin, finit par gagner un petit pécule en travaillant dur dans les mines d'or. Il apprit après l'or facile, l'or difficile à gagner. Un changement radical par rapport à sa vie parisienne, mais qui apparemment lui réussit. En revanche, lorsque, fort de son expérience acquise, il s'essaya lui même dans la recherche des filons aurifères, il n'eut guère de résultat. Nouveau virage donc :

Grâce aux 15 000 francs de l'époque rassemblés, à la « pelle » une belle somme tout de même, il put se faire nommer médecin et s'installer à Honolulu, capitale des îles Sandwich (aujourd'hui archipel et État américain d'Hawaii). Il y acquit une grande renommée et se montra enfin digne du nom qu'il portait. Comme quoi, Il ne faut jamais désespérer, son père malgré tout, jamais ne le revît.

Heureusement, Armand Trousseau eut aussi une fille, toujours demeurée proche de lui, elle l'assista jusque dans ses derniers instants. Peu de temps avant qu'il ne trépassât, ayant mis sa main dans la sienne, il aurait alors prononcé cette phrase demeurée célèbre, illustrant bien son passé de brillant médecin clinicien : « Tant que je serrerai, ta main, je serai encore vivant... après cela, je ne saurai plus où je serai ». Il mourut apaisé mettant un terme heureux à une vie de lutte bien remplie, c'est ce que l 'on dit toujours dans ces circonstances. Mais ce fut particulièrement vrai pour notre toubib, *to be not to be.*

Un peu de médecine

Bon docteur Trousseau? Avec l'emploi parfois étonnant de certains médicaments, comme le vin et le tabac

Le bon docteur n'avait lui-même pas été épargné par la maladie : asthmatique depuis sa plus tendre enfance, il dut se prendre en charge médicalement. Ce qui lui donna des idées très précises et fondées sur une affection médicale qu'il aurait pu lui même baptiser

« à composante psychosomatique », si le terme avait été inventé.

Écoutons son témoignage assez édifiant sur sa maladie et surtout sur sa façon bien à lui d'en combattre les symptômes :

Je soupçonnais mon cocher de quelques infidélités; pour m'assurer du fait, je montai un jour dans le grenier, où je fis mesurer la provision d'avoine. En me livrant à cette opération, je fus tout à coup pris d'un accès de dyspnée et d'oppression, tel que j'eus à peine la force de regagner mon appartement : mes yeux étaient hors de leurs orbites; ma face, pâle et tuméfiée, exprimait l'anxiété la plus profonde. Je n'eus que le temps de me débarrasser de ma cravate, de me précipiter vers la fenêtre, de l'ouvrir pour chercher un peu d'air frais; je suffoquais. Habituellement, je ne fais pas usage de tabac, je demandai un cigare, dont j'aspirai quelques bouffées; huit ou dix minutes après, cet accès était calmé.

L'analyste clinicien Trousseau avait su repérer et dénonçait le responsable de sa crise : la poussière d'avoine, qui avait en pénétrant dans ses bronches, provoqué une première réaction. Une cause, pour lui, insuffisante à elle seule pour entraîner un si violent incident. D'où l'idée d'un deuxième facteur favorisant : sous l'influence de l'émotion qu'avait déterminée chez lui l'idée de ce vol domestique, son système nerveux en avait été tout ébranlé. Ce qui explique que dans ces conditions émotionnelles aggravantes, une cause minime pouvait avoir des conséquences aussi extrêmes. Évident mon cher Watson, de nos jours certes, mais à l'époque, pas tant que ça. Cette théorie « révolutionnaire » pour une période par trop cartésienne, lui valut bien des inimitiés et des crocs-en-jambe, ce qui ne semblait pas lui déplaire, mais au contraire même, le renforcer dans ses recherches. Des recherches pas toujours très catholiques, médicalement s'entend.

Une petite cigarette contre l'asthme : ou l'invention de la cigarette thérapeutique

Indifférent aux critiques, souvent à contre-courant, Trousseau utilisa certaines plantes de la famille des solanacées pour combattre le spasme bronchique. Des plantes pas toujours anodines tant s'en faut…

Il utilisait leurs propriétés antispasmodiques pour lutter contre la contracture musculaire, responsable du spasme bronchique asthmatique. L'utilisation des plantes pourquoi pas, les médecins employaient ce qu'ils avaient sous la main. Il trouva le moyen d'innover là encore. Nouveau virage marqué par l'invention avant la lettre de la cigarette médicinale. Il brûlait ainsi dans ses cigarettes dites thérapeutiques de nombreux végétaux dont les daturas, la stramoine ou encore l'hyoscyamine, mais aussi la belladone et l'atropine qu'elle contient. Vous avez dit toxique ? Pas tant que ça apparemment !

Pourtant, chaque fin de semaine, quittant Paris et ses embarras, il venait se ressourcer, près de Fontainebleau à Milly-la-Forêt, se reposer et prendre le « bon air ». Perdu en rase campagne, non loin d'une ancienne commanderie templière, devenue depuis son rachat par le conseil départemental un conservatoire botanique de plantes médicinales, le monde est petit. Il avait acquis là, une belle propriété qu'il prenait plaisir à toujours agrandir. Médecin avant tout et malgré tout, le week-end même, il consultait une bonne partie du jour les paysans voisins venus lui soumettre leurs maux en échange de quelques-unes de leurs productions fermières. Inventant les AMAP avant l'heure et prônant les circuits courts de distribution, restons sérieux.

Souvent, ses paysans voisins le voyaient arpenter sa propriété, mais… un cigare à la bouche. Curieux tout de même pour un toubib qui plus est asthmatique. C'est qu'adepte des vertus « combustives » du tabac, il avouait spontanément traiter ses crises d'asthme en aspirant quelques bouffées de cigare.

Et quand cela ne suffisait pas, il usait d'écorce de quinquina (source de quinine) ou d'essences, telles que la térébenthine. Comme bien d'autres préparations toutes plus exotiques les unes que les autres. Après le tabac, en vrai épicurien, il prônait l'usage d'alcool comme médication.

Le Docteur Trousseau est en particulier connu, pour son vin diurétique appelé aussi vin de l'Hôtel-Dieu, ou amer de la charité.

Suivons ce qu'il en disait : *De tous les remèdes hydragogues que j'ai employés dans ma vie, le plus puissant selon moi, est un vin dont j'ai imaginé la composition et qui est connu sous le nom de vin diurétique de l'hôtel Dieu.* Sa composition nous en est heureusement parvenue :

Vin blanc 750 grammes
Baies de genièvre : 50 g
Scille 5 g
Digitale 10 g

Il s'agissait comme nous allons le voir d'un vin peut-être diurétique, mais surtout cardiotonique grâce à deux plantes aux actions quasi similaires sur le cœur : la scille et la digitale. Un bienfait à une époque où la digitaline, premier cardiostimulant, n'avait pas encore fait ses premiers pas.

La potion magique

LA SCILLE

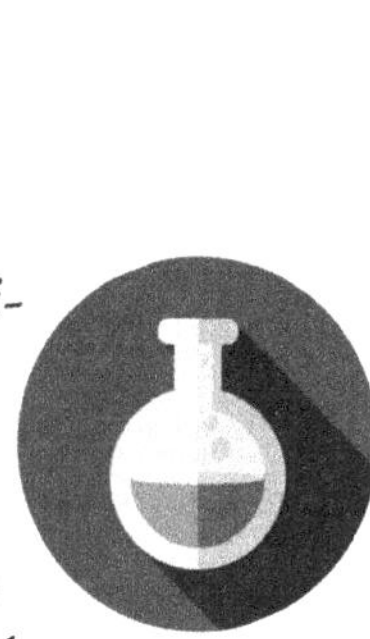

En latin : *Urginea scilla* ou *Scilla maritima*, mais aussi : oignon marin, scille maritime, charpentaire.

Cette plante, une des plus anciennes connues et utilisées en médecine depuis la

Grèce, l'Égypte puis tout le bassin méditerranéen y est très commune. De la famille des Liliacées, typiquement méditerranéenne elle se développe près des côtes sablonneuses ou rocheuses, plus rarement à l'intérieur des terres.

C'est une plante à bulbe d'où son nom d'oignon marin. Il existe deux types de scilles qui diffèrent par la taille de leur bulbe : la scille blanche ou scille femelle, dite aussi d'Italie, a un petit bulbe de la grosseur d'un oignon ; la scille rouge ou scille mâle, dite aussi d'Espagne, a un bulbe énorme pouvant atteindre parfois, la taille d'un melon et peser jusqu'à 3 ou 4 kg.

Quand Charlemagne herborisait

Théophraste et Pline la citaient pour son action diurétique, Dioscoride la conseillait pour l'hydropisie et l'asthme, Charlemagne parlait de son emploi comme emménagogue. Plus étonnant pour un empereur qui n'ayant pas qu'inventé l'école, avait aussi étudié la botanique et la médecine des simples. Pas mal non, pour l'époque ?

Cependant, c'est son action cardiotonique qui a été la plus importante, découverte de la fin du XVIIIe siècle. Une action en fait très semblable à celle d'autres plantes comme la digitale, le laurier-rose, le strophantus, le muguet ou encore l'adonis printanier. Il ne faut cependant pas considérer la scille comme un simple succédané de la digitale. Outre son action diurétique, elle a une application dans les éclampsies ou sortes de convulsions pouvant compliquer une grossesse. Les préparations de scille, connues depuis très longtemps, et encore en usage de nos jours, sont le vin, le vinaigre et l'oxymel de scille. Enfin, notons que le bulbe de scille rouge sert à fabriquer des raticides, emploi curieux, au moins particulier.

Toxique

Attention c'est une plante qui peut être considérée comme toxique (demandez aux rats) par les composants contenus dans son bulbe et c'est lui qui est ici utilisé. À l'instar de la digitale pourpre contenant de la digitaline, la scille comprend la scillipicrine qui est considérée, au même titre que la digitaline, comme un tonicardiaque.

Paracelse ce médecin suisse avait dit « tout est poison ou médicament, selon la dose » et ici la dose toxique est vite atteinte donc attention au risque d'accident. Ce tonicardiaque, plus rapide d'action que celui de la digitale, ralentit autant le cœur, mais, demeurant moins longtemps dans le sang, son action est aussi moins prolongée.

Diurétique également, nous ne conseillerons pas la plante en auto médication pour toutes les raisons énoncées précédemment, surtout chez les personnes pouvant souffrir d'insuffisance rénale. Chez elles, l'accumulation de produits toxiques pourrait s'avérer particulièrement dangereuse.

Nous ne donnerons donc pas non plus, contrairement à nos habitudes, de conseils et de doses d'emploi, seul un professionnel de santé pourra vous conseiller.

Deuxième composant de ce vin de Trousseau : la digitale.

LA DIGITALE POURPRE

En latin : *digitalis purpurea*, mais aussi « gant de Notre-Dame, gant de bergère, queue de loup, dentelière, mais aussi gobe-mouche (surnom certainement lié à la forme en calice de ses fleurs).

Plante miracle peut être, toxique sûrement

Cette plante abondante dans le Massif central et les Vosges a longtemps été considérée comme magique et utilisée dans les exercices de magie blanche. En vieux pays celte, les femmes badigeonnaient les interstices du dallage de leurs maisons avec une préparation à base de gants de Notre-Dame. Les forces souterraines néfastes étaient censées ainsi, ne plus pouvoir pénétrer.

En revanche, son nom lui vient du fait que le doigt, *digitus* en latin, peut être en totalité enfoncé dans sa fleur. La digitale pourpre est préférée en médecine à la jaune, pour sa concentration plus importante en principes actifs.

Plante bisannuelle, elle fleurit de juin à septembre et c'est l'époque de recueil de ses feuilles utilisées en médecine. On la trouve aisément dans les massifs montagneux jusqu'à 1000 m d'altitude.

Bonne pour le cœur… mais en user avec modération

La plante contient principalement deux glycosides cardiotoniques : la digitaline et la digitoxine, des acides, des tanins et une huile essentielle.

C'est au XVIe siècle qu'un botaniste bavarois l'étudia précisément et en 1868 que le laboratoire Nativelle la commercialisa sous la forme de digitaline.

La plante :

- Ralentit
- Régularise
- Renforce les contractions cardiaques. Jusque-là que des effets bénéfiques, mais attention la digitaline, entre autres, a une fâcheuse tendance à s'accumuler dans le sang avec un risque majeur alors d'intoxication. Une atteinte qui est marquée par des nausées, des vomissements, un ralentissement important du rythme cardiaque au point de risquer une fibrillation ventriculaire avec mort subite.

À doses contrôlées, elle est donc bonne pour les troubles du rythme cardiaque, une tachycardie, une tension faible, en fait lorsque le cœur faiblissant a des difficultés à jouer son rôle.

Comme la scille, la digitale est également diurétique.

À toujours utiliser sur avis spécialisé et conseil médical à raison de 0,40 g de feuilles à mettre à macérer dans 300 g d'eau froide pendant 12 h, filtrer et boire un petit verre matin et soir.

Pour le vin de Trousseau :

On en prendra 1 à 3 cuillerées à café par jour, mais attention pas d'automédication.

Pierre Jean Georges Cabanis

Pierre Jean Georges Cabanis (1757 - 1808) est né au château de Salagnac près de Cosnac en fait, banlieue de Brive-la-Gaillarde, précisément : le 5 juin 1757. Celui qui allait devenir médecin n'est pas le moins étonnant portrait de notre galerie d'ombres ayant connu la lumière : encore un de ces personnages qui ne peut laisser indifférent y compris ou grâce à ses zones d'ombre.

Un peu d'histoire

Aisé, puis révolutionnaire, helléniste puis médecin.

Notre toubib en devenir est né dans une famille aisée, mais disons, un peu originale. Son père, brillant avocat, mais très austère, peut être malheureux au fond de lui-même, au fait de sa gloire et de sa renommée au barreau, se reconvertit dans… l'agriculture rurale.

Changement radical et coup de barre vers un retour au sol.

Nouvelle fonction, mais on ne change pas si on est brillant, on le reste : ce fut une nouvelle réussite. Il mit au point des techniques de greffe pour les arbres fruitiers, en même temps qu'il introduisit dans ses terres, la culture de la pomme de terre. Pas si mal déjà.

Autant d'occupations agrestes et de passions qui l'occupaient à plein temps, ne lui laissant que peu d'énergie ou d'intérêt, à supposer qu'il en eût jamais, à consacrer à l'éducation de son fils, Pierre Jean. Aussi, dès son plus jeune âge, le mit-il en pension chez les frères à Brive : les bien nommés « Doctrinaires ».

Une expérience qui dura quelque temps, puis tourna cours, non, court. Ce jeune élève pas « inhabile » pourtant était même jugé précoce par ses maîtres. L'un d'eux, Condillac, déclarait même dans ses notes : « On s'aperçoit dès les basses classes que la sévérité ne réussit pas avec son caractère fier et vif… » Notre jeune élève supportait mal la discipline et encore plus mal, l'injustice érigées en règle, au pensionnat, ce qui devait arriver : il fut renvoyé pour « roideur de caractère ». Un défaut incoercible. Pour des Bons Pères, eux seuls pouvaient se permettre d'être « roides ». Nous n'avancerons pas plus sur un sujet qui peut potentiellement et rapidement devenir houleux.

Ne sachant désormais que faire de son rejeton, sans pour autant se donner les moyens de le prendre en charge, l'avocat agriculteur l'envoya à Paris. Il le confia ou au moins le mit en contact avec une de ses connaissances rurales : un poète commençant à percer, mais qui s'arrêta vite. Roucher, ce vrai Rastignac en vers et contre tous ? Qui de nos jours, connaît encore Roucher, et puis, après tout, ce n'est pas bien grave. Comme passeport, il lui mit en poche, un petit mot de recommandation pour une de ses anciennes relations professionnelles, le ministre Turgot. Rien de moins.

Pierre Jean, décidément pas bon à grand-chose, continua à ne rien vouloir faire de ce qu'on lui imposait, ni se plier à une quelconque autorité. Alors, il voyagea et dut se débrouiller... seul.

Rebelle, l'adolescent l'était particulièrement, mais ce qui le sauvait toujours ou au moins l'excusait : c'était sa belle « gueule d'ange. » Elle arrangeait bien des choses à la fin.

Rebelle certes et toujours, mais pas incapable, il devint tout de même helléniste, sous l'influence de son coach poète. Roucher lui fit découvrir ou redécouvrir Homère.

Dans la foulée, il se mit à traduire l'Iliade qui n'eut bientôt plus de secrets pour lui. Flegmatique et toujours désœuvré, il devint un fieffé passionné dévorant les belles lettres. De quoi vite obtenir un laissez-passer utile dans le Paris des salons où il était encore possible, plus pour très longtemps, de briller par son sens de la répartie, ou tout simplement sa culture.

Roucher avait ainsi transformé notre adolescent rebelle en un élève studieux, appliqué même. De cela, la patrie ne lui sera guère reconnaissante : il sera guillotiné, notre poète, quelques années plus tard, en brillante compagnie dont un de ses collègues en versification, Fabre d'Églantine. Des poètes partis ensemble condamnés pour des vers, renvoyés aux vers. Un retour très « terre à terre » en quelque sorte.

Secrétaire d'évêque, fils adoptif de Mme Helvétius, nègre de Mirabeau et médecin… par hasard

En 1773, il avait seize ans et sur sa lancée littéraire helléniste, rencontra un évêque… polonais : Monseigneur Ignace Massalsky, prince évêque de Wilna. Ce prince cherchait un précepteur de français pour ses neveux, il emmena Pierre Jean avec lui à Wilna. Le temps pour notre adolescent d'apprendre l'allemand, pour les neveux, le français peut être, ce n'est pas si sûr, car son mauvais caractère ne tarda pas à faire, refaire surface (deux ans suffirent pour cela) et son retour sur Paris fut, disons un peu précipité.

Selon la version officielle, il en avait assez des ours, du froid et des beuveries… nous vous laissons apprécier.

Deux ans allaient encore se passer à glander ou versifier, ce qui est à peu de choses près similaire, butinant de salon en salon, comme celui de Madame Helvétius veuve du philosophe et surnommée sur « son site » pas tout à fait web : Notre-Dame d'Auteuil.

Elle venait de perdre son fils chéri. Pierre Jean arriva au moment juste pour le remplacer, ce fut fait ou presque. Elle lui assura d'emblée, ce qui était déjà pas mal, le gite et le couvert dans une « cabane au fond de son jardin ».

Celle-là même où nous a-t-on dit, Francis Cabrel ou Laurent Gerra aurait écrit sa chanson, à moins que ce ne soit celle avec toilettes sèches, louée par José Bové dans le fin fond du Larzac… Pardon, je m'égare, mais, historiquement, le lieu fut l'endroit même où Quentin de La Tour avait quelques mois auparavant, peint quelques toiles ou quelques pastels… un lieu, disons habité et propice à la création artistique.

Oui, mais, ayant quitté sa province et peu rural, ne sachant pas dans sa cabane vers où se destiner, sauf toujours vers sa marotte : les vers grecs, notre héros à longueur de jour, déprimait.

Peu de monde « se risquait » au fond du jardin, sauf à en avoir besoin ou plutôt… des besoins et il dépérissait, à moins qu'après tout, cela ne soit son caractère. En effet, n'ayant pas vraiment l'étoffe d'un Rastignac, notre héros se laissait un peu aller, au gré de ses lectures, de ses traductions et de ses inspirations. Pas de quoi vraiment constituer une école de la vie en ce XVIIIe siècle où sourdaient déjà les idées nouvelles (d'Alembert lui aussi était un assidu du salon d'Auteuil) et où perçait l'idée d'une révolution en marche. Comment alors bien vivre son romantisme désuet ?

Si les belles lettres nourrissent l'esprit et la philo aussi, elles suffisent rarement à remplir, à construire une vie. Voire même plus souvent le contraire… Au milieu de ce dédale poétique, Pierre Jean se perdait, au lieu de se trouver. Il aurait pu longtemps continuer d'errer et de dériver, mais sa « mère adoptive » veillait.

Madame Helvétius y pourvut : elle crut posséder la solution, à travers une de ses connaissances, médecin du roi à grande réputation et installé à Saint-Germain-en-Laye.

Médecin du roi certes, mais peu catholique ni peu orthodoxe, le docteur Dubreuil ! Il herborisait, fréquentait des cercles aussi détonants que celui du guérisseur Mesmer et son baquet. Ce baquet où il faisait circuler des ondes électriques, électromagnétiques entre des patients convaincus et immergés. Un bon chercheur qui avait trouvé un moyen aisé de s'enrichir en « surfant » sur la crédulité de ses riches patients, qui plus est : un peu décérébrés et très désœuvrés et donc, à la recherche permanente de nouvelles sensations.

Comment soigna-t-il notre adolescent ?

Qui, en dehors d'eux pourrait nous le dire et ils n'ont rien dit. Le résultat fut convaincant, puisque Pierre Jean fut guéri de sa supposée dépression et ce n'est pas tout. Il fut tellement conquis par la pratique du docteur Dubreuil qu'il lui prit l'envie de le copier ou au moins de le suivre. Virage étonnant et vrai changement de cap. Il entama ses études de médecine à Paris rue de la Bûcherie.

Des études qui s'étalèrent sur 7 ans de 1777 à 1784 et dont on ne sait que peu de choses quoique...

Rebelle toujours même en médecine, il ne termina pas son doctorat sur Paris, mais sur Reims où dit-il, la réputation était meilleure, ou les conditions plus aisées. Qui sait ?

Hippocrate à la mode Cabanis

Comment ne pas présupposer une nouvelle rébellion de notre élève trublion médecin, à moins qu'il n'ait prosaïquement préféré s'expatrier pour ne passer que trois thèses en Champagne contre six sur Paris. Peut-être un peu filou notre rebelle ou l'inverse ?

Il prêta cependant serment le 4 septembre 1784, le serment d'Hippocrate qu'il avait lui-même traduit et recomposé en vers. Pas mal non ?

Découvrons ce morceau de bravoure bien dans l'esprit peut-être au moins dans sa forme difficile à prononcer de nos jours :

Je jure que jamais l'intérêt ni l'envie
par leurs lâches conseils ne souilleront ma vie...
que ma tendre pitié, que mes soins constants
du pauvre d'abord trouveront la chaumière
je jure encor fidèle à mon saint ministère
je jure au nom des mœurs que mon respect austère

ne laissera jamais mes désirs ni mon cœur
s'égarer hors des lois que chérit la pudeur…
fasse Dieu qu'à mes devoirs livré, moi même je m'oublie
pour ne songer qu'aux maux qu'un autre me confie…
que mon nom soit béni plutôt que célébré
que les devoirs pieux dont je fais mon étude
des bienfaisants travaux que l'heureuse habitude
à tes yeux indulgents dérobe mes erreurs…
et que sur ma tombe au moins reposent quelques larmes…

Ce n'était pas fini, déjà helléniste et donc démocrate à la mode grecque, il devint républicain en rencontrant un de ses personnages interlopes que nous réserve l'histoire : Mirabeau. Sur le déclin, le comte recherchait un médecin et un nègre : il trouva en Pierre Jean les deux en un, pas mal encore non ?

La prise de la Bastille réunit définitivement les deux hommes : désormais c'est Cabanis qui allait rédiger les discours de Mirabeau et le soigner jusqu'à la fin de sa vie.

Une fin qu'il allait même contribuer à… soulager. Le comte de Mirabeau avait en effet usé et abusé de la vie et connaissait parfaitement ce qui le consumait. Pour soigner sa vérole galopante et cuisante et ne pas trop la répandre, Il ne voulut connaître d'autre médecin que Cabanis.

L'élève comme on l'a vu du Docteur Dubreuil, personnage pour le moins, haut en couleur, et médecin… étonnant.

On voyait Dubreuil fréquenter des cercles ésotériques, il en fréquentait aussi de moins… fréquentables. Il mourut ainsi dans les bras de son ami amant. Pour quelle raison et de quelle façon, ce dernier ne lui survécut que quelques heures ? Beaucoup de questions demeurent, peu de traces subsistant de notre drôle de confrère. Ce que l'on sait, pas par Cabanis, l'homme fut toujours très discret jusque dans sa façon même de rendre hommage à son maître.

Un peu de médecine

Cabanis, entre autres leçons, avait retenu de son professeur Dubreuil, nombre de secrets de plantes, de formules de potions, et aussi de… poisons.

S'en servit-il pour raccourcir l'agonie du comte de Mirabeau ? On pourrait le penser, on le pensa même, en son temps.

À cette époque pourtant très troublée, il y eut un tel doute sur la mort du comte, que l'accusateur public du secteur exigea une autopsie sur-le-champ, mais en salle. Elle ne put conclure à un empoisonnement même si, nonobstant les conditions de l'enquête, un doute peut toujours persister de nos jours.

Mirabeau, Condorcet, puis Napoléon : le tiercé bien empoisonnant.

Devant la montée de la rumeur publique et ses éventuelles conséquences fortement néfastes, le docteur Cabanis crut bon devoir se justifier ou se… disculper, en sortant un brulot. Un livre en fait reprenant les derniers moments de vie de son célèbre patient. Son titre : « Journal de la maladie et de la mort de Mirabeau », il fut publié des 1791 et réédité à deux reprises ensuite. Le texte biographique, était en fait et surtout aussi panégyrique pour le grand homme, que pauvre médicalement. Serait-ce un indice de culpabilité ?

Autre indice : quelques années plus tard, un autre grand homme mourut, disons bizarrement : il s'agit de Marie Jean Antoine Nicolas de Caritat plus connu sous le titre de marquis de Condorcet.

Né en 1743, ce philosophe et mathématicien va se trouver au mauvais moment, au mauvais endroit. Inventeur du système métrique, organisateur de l'enseignement des mathématiques, il entretenait d'excellentes relations avec Turgot et fréquentait les mêmes salons que d'Alembert dont il épousait les théories évolutionnistes, mais non radicalement révolutionnaires. Célèbre et célébré, est-ce par gout des honneurs ? Je ne le pense pas, c'est plutôt par dévouement patriotique et un sens profond de la défense de ses convictions, pour le bien de tous, qu'il va s'engager en politique, auprès des Girondins. Mauvaise pioche et choix mortel !

Suspect, puisqu'opposé déjà à la mort du roi Louis XVI, ayant voté pour son bannissement plutôt que son exécution, véritable humaniste, suite à la victoire des montagnards à l'assemblée, son arrestation était devenue inévitable, il le savait, et pour l'éviter il préféra s'exiler.

Une clandestinité de quelques mois, mais cependant insuffisante pour le sauver en cette terrible année 93 de terreur.

L'histoire nous raconte même, avec ces clins d'œil qui lui sont familiers, qu'en fuite, en haillons, méconnaissable, Condorcet fut trahi par ses bonnes manières. Notamment quand, dans une gargote infâme de Bourg-de-l'Égalité (anciennement Bourg-La-Reine) il commanda une omelette de… douze œufs, on ne se refait pas, car pas très « peuple » tout ça. Malgré son déguisement, repéré, dénoncé, il fut arrêté et emprisonné.

Et… au deuxième jour de son emprisonnement, il fut retrouvé mort avec à ses côtés une bague à chaton à système offerte par son ami Cabanis et contenant un poison.

En 1793, on n'était pas à une mort près, surtout celle d'un ennemi du peuple, aussi, on n'en rechercha pas l'origine, parlant d'un accident cardiaque. On avait bien d'autres comptes à régler, d'autres comtes à guillotiner. Qu'un marquis évitât le fer, peu importait la lame pourvu que le trépas passe. Trépas transcrit le 29 mars 1794…

En attendant, là encore on pourrait être en droit de se demander, si le Dr Cabanis n'avait pas là aussi aidé à soulager une fin terriblement déshonorante, à l'un de ses amis. Très pro euthanasie finalement Cabanis…

Ayant lui plutôt bien passé la révolution, après une période un peu chaude et un repli stratégique dans sa campagne, Cabanis triompha de nouveau avec l'empire, se gardant bien de sombrer avec lui. Rebelle, mais malin notre homme était fidèle lecteur de Machiavel et admirateur de Talleyrand (pléonasme d'écriture) !

Par opportunisme peut être, il épousa pour ménager ses arrières, la sœur du maréchal Grouchy, et sœur également de la citoyenne veuve Condorcet. Gravissant les honneurs plus par son sens ou sa connaissance de la cour, sans vraiment briller par sa science médicale, il est nommé à l'Institut de France.

Mort le 5 mai 1808, huit jours après, il fut conduit au Panthéon des grands hommes. Peut-être un peu trop vite, pour maintenant être oublié ?

Napoléonien, il avait comme avec Condorcet concocté, dit-on, un poison pour l'empereur au cas où. On ne sait jamais. Visionnaire ou opportuniste, ça commençait à faire beaucoup de qualificatifs pour notre « petit docteur ». Hélas, lorsque Napoléon voulut se servir de cette drogue fatale, précisément au moment des adieux de Fontainebleau, sept ans plus tard, quand tout s'effondra sous ses pieds, il ne put même pas compter sur le « poison Cabanis » éventé… *Post mortem*, il n'a pu une dernière fois aider le héros de son île à finir en beauté (raté cette fois, mais bien essayé tout de même). Une version contestée par des historiens et que l'intéressé lui-même n'a pu nous confirmer.

Et quel est donc ce poison hérité du docteur Dubreuil qu'affectionnait particulièrement Cabanis ?

La potion magique

En latin : *Datura stramonium* ou Datura stramoine.

Vous la connaissez certainement, mais sous des noms plus amusants ou imagés : herbe aux fous, herbe aux sorcières, pomme du diable, herbe aux taupes, chasse-taupe, herbe du diable, endormeuse, trompette des anges, trompette de la mort.

Poison vaudou

La *Datura stramonium*, plante magique ou ésotérique c'est selon, mais, en tous les cas : un violent poison avec un long C.V.

Comme poison ou hypnotique au moins, il entre dans les préparations utilisées par les faiseurs de zombis à Haïti. Pas mal trouvé non ? Comment pratiquent ils ?

Après avoir fait absorber à la victime, des substances toxiques dont je ne vous donnerai pas la composition pour ne pas risquer susciter d'adeptes, la personne s'endort, simulant parfaitement la mort. (« Le sommeil n'est-il pas une petite mort n'est-ce pas, Monsieur Scoppenhauer ? ») Les sorciers vaudous l'enterrent sur-le-champ, pour la « réveiller » quelques heures plus tard avec une préparation de stramonium. Le datura les fait artificiellement reprendre conscience tout en les faisant entrer dans une sorte de transe hallucinatoire toujours sous contrôle du sorcier. C'est pas sorcier non ? Il fallait simplement y penser, un bon moyen pour se faire une sacrée réputation de sacré guérisseur.

Aujourd'hui, on considère que le *stramonium* est probablement originaire d'Amérique du Sud, peut être du Mexique et qu'il a été introduit dans l'Ancien Monde par les Européens, suite à la conquête de l'Amérique. Il s'est depuis, victime de son succès, répandu un peu partout à travers le monde.

Hypothèse cependant mise en doute par d'autres faits historiques. Dans ses « matières médicales » Dioscoride parlait d'une plante étrangement similaire et ne raconte-t-on pas que les Celtes empoisonnaient leurs pointes de flèches avec du suc de datura ?

Le datura européen serait-il donc plus ancien qu'il n'y paraît ? à suivre…

Poison, toujours

C'est sa composition, riche en alcaloïdes qui confère toute sa toxicité à la plante : parmi lesquels l'hyoscyamine, l'atropine et la scopolamine. Mais 64 alcaloïdes, tous, des poisons potentiels, ont été inventoriés dans cette plante. Une vraie « bombe verte » ce datura.

Ces toxiques sont synthétisés dans les parties souterraines de la plante pour gagner ensuite les parties aériennes. Toutes ces substances sont toxiques pour le système nerveux en particulier le nerf parasympathique. Ils entraînent des manifestations telles qu'une accélération cardiaque, une diminution de la salive, l'apparition d'une transpiration importante, voire d'une amnésie, perte de connaissance ou encore délire. Le datura est une des plantes les plus toxiques de la pharmacopée, ce qui explique sa place dans la préparation létale du Dr Cabanis.

Même en feu, le datura peut être toxique par les fumées produites, c'est cet effet, provocateur d'hallucinations, pouvant durer plusieurs heures, qui était recherché dans les cérémonies chamaniques. Il est même possible de l'utiliser sous forme de joint. Mais chut, on ne vous a rien dit et on vous le décommande formellement, les réactions pouvant être très dissemblables d'une personne à l'autre.

Une symptomatologie caractéristique qui apparaît après la « consumation » de 1,5 à 2 cigarettes seulement de datura. Donc attention, la dose toxique très basse rend l'utilisation du datura tout à fait contre indiquée.

En médecine malgré tout ?

La plante a surtout été utilisée pour ses propriétés calmantes pour combattre certaines affections nerveuses comme la maladie de Parkinson par exemple.

Mais il semble surtout avoir été utilisé en cigarettes pour lutter contre l'asthme, ainsi fréquemment à Madagascar, plus classiquement en Europe, comme on l'a vu précédemment, Armand Trousseau en était prescripteur et utilisateur pour son propre compte.

À titre thérapeutique, pour l'emploi en poison mêlé à l'opium, il semble avoir adouci la fin de Mirabeau hâté celle de Condorcet et manqué son effet sur Napoléon.

Bibliographie

- TROUSSEAU A. - *Clinique médicale de l'Hôtel-Dieu*, 2 volumes, Paris, Baillière, 1861-1862 - Tome I, p. 516.

- PEUMERY J.-J. - *Histoire illustrée de l'asthme, de l'Antiquité à nos jours*, Paris, éditions.

- ROGER DACOSTA, 1984, pp. 168 et 170.

- TROUSSEAU A. et PIDOUX H. - T*raité de thérapeutique et de matière médicale*, 2 tomes en 3 volumes, Paris, Béchet Jeune, 1836-1839.

L'eau de Rabel

Vrai médecin ou vrai charlatan, on cerne mal le personnage de Rabel, nous allons cependant essayer de vous guider dans sa suite, mais attention ce n'est pas simple.

Un peu d'histoire

Chimiste, alchimiste, ou tout bonnement, fumiste ?

Rabel serait originaire de Provence sans que l'on puisse le garantir totalement. Ça commence fort, il a su s'entourer d'un flou propice à brouiller les pistes sur sa vraie personnalité et même sur son parcours.

Alchimiste dès son plus jeune âge, initié par qui ?

Qui pourrait le dire ? Ce que l'on sait c'est qu'il eut très tôt l'envie et la propension de vendre des huiles et des préparations médicinales aux vertus toujours affirmées, rarement avérées, moins souvent encore, démontrées.

Connaissait-il l'art médical ? Nul ne pourrait le dire, mais ce qui est certain c'est qu'il avait acquis tout jeune les techniques de vente bien avant l'essor des écoles de commerce. Il sut ainsi très vite profiter de la crédibilité immense de ses proches surtout dans le vaste domaine porteur de la santé.

Comme champ de ses activités, la Provence devint vite trop petite, pour développer ses faits ou plutôt ses méfaits à moins que la situation ne devînt trop brûlante pour lui. Si vendre du vent est facile, en assurer le suivi, semble bien vite, beaucoup moins aisé.

Changeant de cap, il monta à Paris oubliant pour un temps, ses formules, il se mit à pratiquer des avortements, peu par conviction, plus surement par cupidité. En quelque sorte : le souci de toujours répondre à la demande du marché. Il fallait bien vivre... Le coût de la vie parisienne était déjà cher avec le prix de ses loyers pas encore bloqué. Avec comme unique moteur : sa soif de fortune. Un tableau déjà trouble, mais le pire était encore à venir, ne désespérez pas

Les avortements ne suffisant plus à ses besoins et à faire croître suffisamment vite ses revenus, il reprit ses premières amours : soigner à « tout prix », le plus cher de préférence et parfois réussir à guérir. Tout, en développant l'art de fabrication des poisons. Il n'était pas à un paradoxe près, à moins qu'il ne fût adepte du fameux précepte de Paracelse selon lequel : tout est médicament ou poison, en fonction de la dose. Mais ce serait, je crois, lui faire trop d'honneur, que d'associer son patronyme à celui du médecin suisse.

Entre les deux possibilités soigner ou empoisonner, Il choisit vite son domaine d'action : celui des poisons, plus expéditifs, moins contraignants et générant moins de plaintes.

Ainsi, en soignant Cadelan, un autre triste sire dont nous allons vous reparler très vite, il fera bientôt parler de lui, il assura sa fortune... et celle de sa famille qui put le rejoindre à Paris. Pratiquant, mais surtout enseignant, il partagea son savoir avec le futur empoisonneur Candelan, notamment sur sa science de la fabrication des poisons.

Son « atelier alcôve » était vraisemblablement situé rue de Beaubourg, hélas très fréquenté. Nombre de drogues, plus ou moins létales, de philtres plus ou moins avouables en sortaient à des fins le plus souvent inavouables.

Fortune faite, il passa la main, confiant les clés de son alcôve à son meilleur élève : Cadelan qui dépassa même son maître, développant considérablement leur coupable industrie.

Il fit preuve d'une belle série de « beaux succès » avant de tomber par excès de confiance et d'être condamné dans ce qui est resté dans l'histoire, connu comme l'affaire des poisons dans laquelle seuls les comparses de deuxième ordre payèrent : il en fut

Madame Poisson, alias de Montespan pourtant pas très « claire » sur le coup échappa provisoirement au moins à toute condamnation (on raconte que le roi lui-même brûla les lettres qui auraient pu la compromettre). En revanche, nous manquons d'informations sur son passage devant... la justice céleste, si elle existe... Soyez patients, dès que nous aurons des réponses, nous ne manquerons pas de vous les communiquer.

Entre-temps, le climat parisien devenant un peu malsain pour lui, le « redevenu » docteur Rabel partit en « voyage » en Angleterre. Reçu par la cour, il fut invité par le roi Charles II, lui même féru d'ésotérisme à moins qu'il n'ait eu besoin des services peu recommandables de notre charlatan de docteur, mais de sacré bon empoisonneur.

Le 10 septembre 1677, on retrouva le sieur Rabel de retour sur la capitale pour y reprendre sa triste besogne, on a beau chasser le naturel, il revient au galop, et reprendre sa route torse vers la postérité.

Un fréquent changement d'air s'imposait souvent à lui, non pour des raisons de santé, mais pour cause de « baisse ou de retournement de réputation » et le triste sire désormais bien fiché, passait de moins en moins inaperçu au point même de susciter des libelles contre lui, comme celui-ci :

... Le sieur Rabel ami des secrets de nature
fait tous les jours ici quelque nouvelle cure
par son eau qu'il fait prendre en verre de vin
fièvre, loupes et coups guérit soir et matin
et quoique contre lui l'envieux puisse dire
tous les jours à la cour ses cures l'on admire
près la croix de Tiroir, à l'enseigne au Franc cœur
on peut le consulter et prendre sa liqueur.

Pas très flatteur ce placet... Mais après tout : « dites ce que vous voulez, mais parlez de moi » devait être sa devise préférée.

Notre soignant, de nouveau poursuivi pour des « affaires » et ayant donc besoin d'être discret ou tout simplement ayant perdu de son lustre, consultait désormais dans une gargote. Après tout, vendre une eau est en fait une liqueur, dans une gargote qu'y a-t-il de choquant ? Seul le nom de l'enseigne pouvait choquer : Franc cœur, pas vraiment adapté à notre bougre sans cœur ni conscience.

Vrai culbuto, il se releva de nouveau et relança sa réputation pour combler son insatiable appétit.

Ayant tout compris avant tout le monde, il communiquait bien le doc, se targuant tout bonnement, rien de moins, de guérir tous les maux grâce à son eau.

Pour revenir en confiance, quel bon bateleur, devait-il être. On lui confia officiellement des blessés soignés aux Invalides. Selon lui en effet : aucun blessé des armées ne devait plus mourir grâce à son eau. Ce qui ne se passa pas aussi bien que prévu, si l'on en croit un autre libelle contre lui destiné.

Rabel guérit tout de son essence
Le poison, le fer et le feu
Aux Invalides depuis peu
Il en a fait l'expérience
Ce fut en bonne compagnie
Qu'une jambe il amputa
L'essence au malade arresta
Le sang aussitôt que la vie.

Bien envoyé ! Comment mieux twitter et plus court ?

Attention, pour lui nouveau danger tout de même : l'accumulation de ses échecs médicaux, l'affaire des poisons qu'il traînait comme un boulet avec un rôle auprès des assassins comme Cadelan ou Vanens créaient un climat un peu malsain... De quoi lui déclencher des fourmis dans les jambes et une forte envie de bougeotte pour notre « médecin » en quelque sorte, empoisonné à son tour.

Donc, nouveau changement de programme. Peut-être à court d'expédients, ou de liquidités, cette fois-ci, il ne put changer de lieu, simplement de fonction. Jamais à court d'idées malhonnêtes, au moins, il se mit à fabriquer de fausses pièces de monnaie. Un peu gros tout de même. Cela n'eut qu'un temps, finalement très court.

Dénoncé, le soutien de son protecteur Louvois lui fut là insuffisant, il dut une fois de plus, s'expatrier avant de risquer être condamné, avec en prime l'interdiction de commercialiser sous toute forme que ce soit, sa liqueur dénommée : eau de Rabel. Tout de même… Penser que ce serait pour lui, le début de la déchéance, était mal le connaître, lui faire trop d'honneur ; il se fit simplement plus discret.

On le perdit de vue : Il disparut de France pour mourir certainement, non loin de sa Provence natale, en Italie où il a certainement à son habitude, continué de sévir de manière plus ou moins heureuse, mais toujours radicale.

Faisons confiance à son sens inné du commerce litigieux, soyez rassurés, il ne dut pas mourir démuni. Fin du triste épisode Rabel,

Si sa disparition ne laissa guère de traces, son eau lui survivra : longtemps, trop longtemps, on utilisera cette préparation pour soigner… essentiellement alors les blennorragies. Pourquoi pas ? Nous ne saurions cependant vous y engager.

Un peu de médecine

Quelle est donc la composition de cette mystérieuse liqueur : eau de Rabel ?

Acide sulfurique 100 g, ça pour décaper ça doit le faire…

Alcool à 95 ° 200 g, pas mal non plus…

Pétales de coquelicot 4 g : dans quel but ? Un vrai excipient, peut-être.

Cela ressemble vraiment à une formule de charlatan et les pétales de coquelicot ressemblent un peu à du saupoudrage peu scientifique, ou ici, un vrai placebo. Le coquelicot pourtant mérite bien mieux même, c'est une plante médicinale majeure à ne point négliger. Ce sera le seul point positif de ce chapitre. Fréquenter Rabel non, le coquelicot oui.

La potion magique

COQUELICOT

En latin : *Papaver rhoeas.* Mais aussi le pavot des champs, pavot rouge, coq, ponceau…

En pétales pour le sommeil, en guirlandes pour le repos éternel.

En raison de sa ressemblance avec la crête de coq, pourquoi pas, la plante est appelée jusqu'au XVIe siècle « coquerico ». On verra que la ressemblance ne s'arrête pas là et que les raccourcis, même en médecine, sont rarement hasardeux.

Ainsi les Égyptiens utilisaient la plante en guirlandes pour orner les tombeaux des pharaons et leur garantir ainsi le repos éternel. Ça, c'était pour les pétales. En graines, le coquelicot était utilisé comme condiment, notamment dans les gâteaux. Dioscoride aurait dit que ces graines avaient vertu de « lâcher modérément le ventre ». Bien dit non ? Et en plus c'est vrai, mais ce n'est pas tout.

Les pétales, utilisés en infusion, se montrent également efficaces dans les affections pulmonaires, calmant la fièvre, la toux et favorisant la transpiration en cas d'infection.

De la famille des opiacés, légèrement narcotique les pétales en infusion ou en sirop, représentent une aide appréciable à l'endormissement.

Son application en compresse sur le visage, prévient l'apparition des petites rides et combat leur multiplication.

Oui, mais comment l'utiliser ?

On prendra le coquelicot essentiellement en infusion à raison de 10 g par litre d'eau et 4 à 5 tasses par jour en cas de rhume ou de mauvaise bronchite, mais aussi d'asthme et sur avis médical.

Le coquelicot est aussi efficace contre la coqueluche.

Comme lotion de beauté, la concentration en pétales doit être double.

Alors, l'Eau de Rabel, non, mais le coquelicot oui.

Le « rob » de Laffecteur

Un peu d'histoire

Guy de Maupassant (1850-1893) est mort à 43 ans d'une paralysie générale, liée à une syphilis contractée 16 ans plus tôt. Sa riche correspondance comme plusieurs témoignages de ses amis ou relations sont assez édifiants à ce sujet, permettant de mieux suivre l'évolution de sa maladie marquant, comme pour beaucoup de malades atteints, une terrible descente consciente aux enfers.

Maupassant, passé maître incontesté et célébré de la nouvelle littéraire, était tout aussi célèbre pour son redoutable appétit sexuel. Un appétit crument dévoilé ou avoué par exemple, dans un de ses morceaux choisis, le poème libertin nommé *Désirs* :

Je voudrais que pour moi nulle ne restât sage ;
Choisir l'une aujourd'hui, prendre l'autre demain,

Car j'aimerais cueillir l'amour sur mon passage,
Comme on cueille des fruits en étendant la main…

Un beau programme de vie, mais à forts risques mortifères : tout excès ayant un prix que l'on peut parfois juger excessif. Quoique le risque est souvent, à l'instar du piment, le meilleur condiment pour relever « la sauce ».

Maupassant allait même souvent plus loin, n'hésitant pas à se vanter de pouvoir accomplir jusqu'à vingt étreintes en une seule nuit, osant alors faire constater ses performances par un huissier de justice ! SOS Freud !

Ce qu'il cherchait et devait arriver, arriva : à vingt-sept ans, il contracta la syphilis à la suite d'une relation avec une de ses compagnes de canotage sur la Marne, ou la Seine, qu'importe. En quelque sorte, une histoire d'O sur l'eau dont il fut fier au point d'en relater les conséquences dans une lettre écrite le 2 mars 1877 à son ami Pinchon : Freud toujours...

Tu ne devineras jamais la merveilleuse découverte que mon médecin vient de faire en moi… La vérole… J'ai la vérole, enfin la vraie, pas la misérable chaude-pisse, pas l'ecclésiastique christalline… non, la grande vérole, celle dont est mort François 1er. Et j'en suis fier, malheur, j'ai la vérole, par conséquent je n'ai plus peur de l'attraper.

Ces bons mots traduisent-ils la dérision, l'humour, l'inconscience, ou la satisfaction d'un destin extraordinaire désormais rempli ? À moins de mettre des mots pour mieux fuir les maux ? Peut-être un peu de tout, ou rien de tout ça.

Atteint, il fallait bien se soigner et, à part le mercure, pas grand-chose à « se mettre sous le gland » on enchaîne...

Le coup du revolver dans la bouche

Malgré tous les traitements entrepris dont nous reparlerons dans ce chapitre, la maladie évoluait et se compliquait inéluctablement. Au point que Maupassant se rendant compte de cette évolution inexorable, durant l'été 1891, se confia, à Paris, à un autre vieil ami, le peintre Fournier :

Personne ne me reconnaît plus, c'est un fait... Je souffre de plus en plus d'horribles migraines. Seule l'antipyrine me donne un peu de calme... Seulement je crois bien que c'est à cause de ce poison que j'ai maintenant d'effroyables lacunes dans la mémoire. Les mots les plus simples me manquent. Si j'ai besoin du mot ciel ou du mot maison, ils disparaissent subitement de mon cerveau. Je suis fini.

Hélas un peu brutale, mais si prophétique, cette affirmation de l'auteur !

La deuxième phase d'évolution de la paralysie générale de Maupassant s'accompagna d'une détérioration mentale majeure qui débuta précisément au cours de la nuit du 2 janvier 1892.

On l'a su par des témoignages de ses proches.

Cette nuit-là, il était à une portée de canon de son yacht, ancré dans le port de Cannes, comme en ont témoigné son « valet » François et le marin Raymond. Eux veillaient dans la pièce voisine de sa chambre et furent alertés par un grand bruit provenant de la pièce voisine. Dans sa chambre, ils trouvèrent l'écrivain ensanglanté, cherchant désespérément à se jeter par la fenêtre ouverte.

Après avoir vainement tenté de se tirer un coup de revolver dans la bouche (dont François avait, prudemment, retiré les balles), Maupassant s'était alors, en désespoir de cause, tailladé la gorge, avant de tenter de se défenestrer. Les deux hommes le maîtrisèrent à grand-peine, obligés même de le ligoter.

La journée se passa ainsi, l'écrivain demeurant confus et prostré. Le soir arrivant, brutalement, il se dressa, hurlant : François, vous êtes prêt ? Nous partons. La guerre est déclarée. La situation se compliquait sérieusement.

À Paris, informée, Madame de Maupassant, consulta aussitôt le célèbre psychiatre Émile Blanche qui ayant su alors faire sa place (bien que le chanteur du XXe siècle affirme qu'à cinq heures, lorsque Paris s'éveille, la place Blanche a mauvaise mine) et se trouver de nos jours, malgré tout, à la rue, à Paris au moins.

Devant l'urgence, ce dernier jugea nécessaire de faire revenir l'écrivain à Paris pour l'interner, à Passy, dans sa propre clinique là même où Gérard de Nerval avait séjourné quarante ans plus tôt.

Pour ce faire, le docteur Blanche envoya à Cannes un infirmier musclé pour s'occuper du forcené. Les muscles et la conviction paramédicale ne suffirent pas cependant. On dut ainsi aussi lui passer la camisole de force.

Avant de l'embarquer dans le train, on lui fit, nous dit-on, longuement contempler son yacht, dans l'espoir d'un hypothétique et bénéfique choc psychique... pour aucun résultat tangible.

Finalement, le 7 janvier 1892, Maupassant sera hospitalisé dans la chambre 15 de la clinique de Passy, son dernier univers jusqu'à sa mort, 18 mois plus tard.

Les dernières semaines furent même très sombres : Maupassant demeura, couché et inerte, ou secoué de sinistres crises d'épilepsie. Il finit par sombrer dans le coma et mourir, seul, le 6 juillet 1893 à moins de 43 ans.

Seul univers, cette chambre impersonnelle, un isolement total sans la présence d'amis, ni d'anciennes conquêtes, ni même de membres de sa famille furent son dernier lot, sa dernière perception de vie.

Son père et sa mère eux-mêmes, ne vinrent jamais le voir à la clinique, excepté une seule fois, en 18 mois.

Ils ne se dérangeront pas plus, pour ses obsèques. Ainsi finit tristement Maupassant. Il l'avait prophétisé lui même : *Je suis entré dans la vie littéraire comme un météore et j'en sortirai comme un coup de foudre.*

Certainement aussi foudroyé par tant d'incompréhension.

Et pourtant c'est à cette même époque, que le Rob de Laffecteur connut ses heures de gloire : une préparation bien nommée comme son nom l'indique peu, antisyphilitique qui ne lui fut d'aucuns secours.

Ainsi vint le Rob de Laffecteur

Un peu de médecine

Mais avant d'arriver au rob, il nous faut mentionner les principaux médicaments antisyphilitiques, secrets ou non, mais en vogue au XVIIIe siècle, en commençant par le pire, bien mauvais exemple charlatanesque, délivré par le corps médical, lui-même. Dealer : Guillaume-René Lefébure, baron de Saint Val, médecin de la ville de Versailles et inventeur d'un chocolat antivénérien. Que contenait ce chocolat? Il y avait incorporé disait-il du « sublimé ». Il faut oser déjà! Qui était chocolat dans l'histoire? Mais ce n'est pas tout.

Notre médecin a osé publier en 1770 un ouvrage intitulé : *Le médecin de soi-même ou Méthode simple et aisée pour guérir les maladies vénériennes.* Et que contenait donc ce livre? Entre autres, la recette de ce chocolat aphrodisiaque et antivénérien, noté aussi utile qu'agréable. Mais le pire continuait : il se proposait tout simplement de guérir tous les vénériens du royaume par son chocolat qui coûtait au bas mot ou maux : 24 livres le flacon, un prix loin d'être modique pour l'époque. Payer si cher pour un chocolat et se trouver chocolat : pas du gâteau. Si l'on osait l'image, on traiterait ce médecin-escroc, de vrai « chancre de la société »…

On pouvait même lire dans son fameux bouquin : *En buvant son chocolat, le malade pouvait être le médecin de soi-même et guérir la syphilis sans se compromettre…* Et un peu plus loin, parfait auteur de théâtre de boulevard, notre toubib écrivait : *Un mari peut ainsi prendre son chocolat en présence de son épouse, sans que celle-ci y soupçonne de mystère et par cet innocent moyen, la paix et la concorde subsistent dans le ménage.* Un bel exercice de style de notre bel humaniste qui en plus se donne le beau rôle. Gonflé le confrère, on oublie vite l'auteur comme le médecin. Ce n'est hélas pas tout…

Un autre remède qualifié de secret et ô combien célèbre à son époque se nommait « les dragées de Keyser ». Inventées par Jean Keyser qui n'était ni médecin, ni pharmacien, mais vrai opportuniste, elles contenaient, si l'on en croit les analyses chimiques effectuées, du mercure dissous dans du vinaigre. Rien de très original quand on connaît l'usage largement répandu du mercure dans cette indication vénérienne.

Tout tournait toujours autour du mercure, en le narrant à la manière de Lucchini : « c'est énorme, c'est du lourd, du lourd, du très lourd ».

Et pourtant, faisant suite à de nombreuses expérimentations hospitalières, menées y compris aux Invalides, un vrai signe du destin, certainement concluantes, puisque jusqu'en 1789 les dragées de Keyser étaient le traitement de référence de la syphilis...

Chacun utilisant, trafiquant le mercure à sa façon, Larrey lui-même y alla de sa formule comprenant de la Salsepareille que vous avez ou allez retrouver dans le livre et du sublimé de mercure toujours lui.

Mais revenons à notre « rob » de Laffecteur :

C'est au XVIIIe siècle que le rob antisyphilitique de Boyveau-Laffecteur débute sa longue, très longue carrière qui durera en fait, jusqu'au milieu du XIXe, voire plus.

Découvert en 1764 par le Dr Pierre Boyveau, le rob fut exploité par Laffecteur, exploité est le mot : il se l'appropria même. Employé au ministère des hôpitaux militaires, il était stratégiquement bien placé pour commercialiser ce remède. Remède particulièrement recherché pour un mal qui accompagnait fidèlement les armées en campagne faisant le lit ou plutôt, chargeant le lit de leurs victimes.

Si l'on en croit l'argumentaire, le rob proposait tout simplement, on cite : *de guérir la fausse entité morbide de gonorrhée-syphilis sans contenir nulle trace de mercure.* On ne pouvait être plus explicite !

Ainsi, en décembre 1777, son formulaire en mains, le sieur Laffecteur se présenta chez Monsieur Berthier, intendant de la généralité de Paris, et affirma simplement que son remède était le seul *remède antivénérien composé uniquement de plantes, qui guérissait toujours (peu modeste, notre vendeur), sans exposer le malade au danger que comporterait l'administration du mercure.*

Berthier donna l'autorisation à Laffecteur d'essayer son remède sur trois soldats et chargea le Dr Poissonier Desperrières de suivre les effets de l'expérimentation et de lui rendre compte. Les résultats obtenus furent satisfaisants. Émettant cependant quelques réserves, le médecin expert proposera à Laffecteur de répéter le traitement sur un plus grand nombre de sujets et en présence de tous les médecins qui voudraient le suivre.

À l'asile de Bicêtre alors, les syphilitiques ne manquaient pas : douze hospitalisés furent choisis, dont trois présentant des complications syphilitiques très graves. Une commission médicale de douze membres fut élue afin de suivre les expériences de Laffecteur. Ils ont constaté la guérison de tous les malades soumis au traitement.

Pas mal, mais un doute subsistait toujours sur la composition du Rob et notamment sa teneur ou non en mercure.

Selon les analyses présentées par van Mons (chimiste de renom, en son temps) aucune trace de mercure ne se trouvait dans le médicament.

Pour mettre un terme à la polémique, sa composition fut enfin dévoilée par Laffecteur lui-même à l'académie de médecine :

Salsepareille, séné, fleurs de bourrache, roses de Damas, semence de cumin, sucre et miel.

Alors du mercure ou non, difficile de trancher, selon que l'on écoute ses détracteurs ou ses partisans. En tout cas, l'académie se prononça en faveur du rob comme le Conseil d'État qui lui rendit un arrêté favorable le 12 septembre 1778. Un arrêt autorisant

Monsieur Boyveau-Laffecteur à vendre et débiter dans toute la France, le rob antisyphilitique à la charge néanmoins de ne pouvoir le livrer pour le traitement des maladies vénériennes que sur l'ordonnance des gens de l'art.

Communiquant avant l'heure, M. Laffecteur fit alors imprimer l'arrêt à des centaines de milliers d'exemplaires, l'afficha sur tous les murs « sombres ou non » de la capitale, le distribua notamment aux médecins et chirurgiens de la capitale et de tout le royaume, en même temps que quelques échantillons médicaux, ça pouvait toujours servir de dépannage aux professionnels, pour leur clientèle bien sûr.

Précurseur en cela, du visiteur médical en quelque sorte, le marché a bien marché au point de se répandre largement dans les lieux de plaisir… mais pas seulement. Une foule de malades consultait même par écrit Monsieur Laffecteur qui passait pour le docteur syphilis et dans la France entière le rob se vendait abondamment.

Parmi sa clientèle célèbre, figurait la princesse Pauline Bonaparte, propre (pour ainsi dire) sœur de l'empereur Napoléon, qui, certainement pour des raisons de discrétion, demanda nous dit-on, à sa dame de confiance, la dame Michelot à Paris, de lui envoyer six bouteilles du rob de Laffecteur, pour elle : « le remède le plus actif qu'on puisse appliquer au virus syphilitique » sic; un bel aveu... ou plutôt une impériale précaution.

Quand il n'y en a plus, il y en a encore…

Les succès s'enchaînaient, Laffecteur avait obtenu du Comité de salut public *l'autorisation d'exporter du territoire telle quantité qu'il voudra de son remède en bouteilles d'une pinte, pesant chacune 32 onces.* Malgré lui, malgré le comité de salubrité lubrique, pardon de Salut public, son commerce périclitait un peu devant la concurrence radicale de la guillotine, solution ultime, mais du chancre aussi. Un commerce qui eut du mal à reprendre : dès le début du XIXe siècle, on perdra les traces de Laffecteur et le rob passera un peu de mode, contrairement à la syphilis qui « bourgeonnera » toujours.

Mais, le besoin générant la demande, suscitant elle-même l'offre, en 1828 le Dr Giradeau de Saint-Gervais rachètera la marque Boyveau-Laffecteur.

Encore un sacré communiquant notre confrère : son audace publicitaire de nouveau venu ne cédait en rien à celle de son prédécesseur. Une communication si agressive que l'attention de la justice en fut attirée. Ainsi, le Dr Giradeau passa en correctionnelle le 2 mai 1829 pour la vente illégale d'un « remède secret » et pour le « charlatanisme de ses brochures ayant pour titre Conseils aux victimes de l'amour, et contenant des phrases indécentes ».

Giradeau fut condamné à 600 francs d'amende et aux dépens. Ce qui ne l'arrêta pas pour autant, il eut tôt fait de rembourser ses frais de justice en relançant la carrière du rob, dont il développa l'exploitation sans vergogne. Et ce malgré une levée de boucliers naissante provenant des humoristes.

Son nom devenu « commun » ou presque, fut l'objet de plaisanteries, comme celle de Philippe Ricord, un de ses contemporains, qui ne l'estimait guère. Lors d'une soirée, lorsque l'on demanda à Ricord (autre spécialiste des maladies vénériennes) « si les Giraudeau appartenaient à la noblesse ? », le grand syphiligraphe répondit : « Oui certainement, à la noblesse de rob ». On savait manier alors le mot à maux…

L’histoire a souvent de ses raccourcis amusants

Pour relancer l’action publicitaire du rob, Giradeau ne recula même devant aucun effet : il reprit le contenu d’un poème à la gloire du rob et dont l’auteur n’était autre que le « célèbre » poète Auguste Marseille Barthélemy.

Un poète en mal d’inspiration qui n’avait en fait, fait que traduire le poème de Fracastor sur la syphilis (*sive morbus gallicus*) dont on parle dans ce livre au chapitre correspondant. Amusant non cette récupération ou raccourci historique, reprenant le célèbre adage selon lequel : rien ne se crée vraiment, tout se transforme…

Conclusion : même si le rob était censé guérir avec ou sans mercure, il n’a pas réussi à guérir Maupassant… Pourquoi ?

La potion magique

Au fait et avant tout, quelles sont donc ces plantes miracles du fameux rob dont on vous rebat les oreilles ?

Tout simplement, un jus de légumes ou ici de plantes, que l’on a pris soin d’épaissir avec du miel de manière à réaliser une sorte de sirop.

Dans la composition de ce sirop, on retrouve donc certes de la salsepareille déjà développée par ailleurs dans le livre, nous n'y reviendrons donc pas. Mais aussi du séné.

SÉNÉ

En latin : *Cassia augustifolia*

Son rôle essentiel est, en augmentant le péristaltisme intestinal, d'être un puissant purgatif. À fortes doses, il provoque une débâcle et chez vous mesdames des règles. Tout bénéfice.

On utilisera des cachets ou des gélules de poudre de séné ou encore un rob ou sirop de séné.

La prise régulière de la plante est contre indiquée en cas d'appendicite ou de colite chronique. Elle est susceptible également d'entraîner des baisses de potassium sévères par irritation colique.

Donc peu recommandable ce séné, excepté peut être pour les teutons, mais ne soyons pas critiques envers eux, d'autres feuillets du livre le sont déjà assez.

Qu'en est-il alors de la bourrache ? Car il y a aussi de la bourrache.

BOURRACHE

En latin : *Borrago officinalis.* Mais aussi boursette, langue-de-bœuf, bourse à berger ??? Buglosse à larges feuilles

Origine à définir, mais fonction définie.

Son nom pour certains viendrait de l'arabe *abou-rach* ou père de la sueur pour ses vertus sudorifiques, pour les autres ce serait une contraction du latin *cor ago*, soutient le cœur, car les Romains croyaient que prendre de la bourrache dissipait les « mauvaises humeurs ». Avec la bourrache : « si tu perdais devant toi toute ta famille, si tous tes amis mouraient devant toi, tu ne pourrais t'attrister ni verser de pleurs sur eux. »

La décoction de feuilles ou de plante entière

À raison de 20 à 25 g par litre d'eau, on laisse bouillir 5 minutes et infuser 15.

Elle est efficace contre les affections virales à leur début, en fait tout refroidissement.

Mais aussi contre les fièvres éruptives.

Dépurative et diurétique, elle sera efficace sur les maladies de peau.

Elle fait partie de la tisane antitussive dite des cinq fleurs.

En cure de 1 à 3 semaines selon les indications.

Et à quoi peuvent donc servir : les roses de Damas ?

ROSES DE DAMAS

Rose pâle

En latin : *Rosa damascena*

C'est essentiellement un laxatif doux que l'on peut conseiller aux enfants, comme aux anciens. Il se prend en sirop ou en infusion à raison de 30 g pour un demi-litre d'eau, 2 à 3 tasses par jour.

Que conclure donc de ce rob de Laffecteur ? À part d'être laxatif, comment pouvait-il combattre la syphilis ??

Mystère à éclaircir, à vous de jouer… et de nous le dire.

L'élixir du bon docteur Garrus

Laissons nous entrainer chez Madame Bovary et accessoirement son créateur Flaubert : « Allons chez Bridoux prendre un verre de garus. » Et, un peu plus loin : « (...) Homais leur donna des conseils ; il embrassa Bridoux ; on prit le garus. »

Quel est, ou était donc ce « Garus » ou « Garrus », ou encore son élixir dit « de longue vie » ?

Un peu d'histoire

Un « Garrus » en tout lieu, en toute circonstance

Il n'a pas fini de nous surprendre cet « élixir de longue vie ». En fouillant un peu les poubelles de l'histoire, on apprend ainsi que Mathias Hartelt, 39 ans, ça ne vous dit rien, à nous non plus en fait, avant de tomber sur lui, « aventurier » allemand, il fut condamné à mort pour avoir assassiné le révérend père Defonse (né Henri Cady), il ne vous dit rien non plus, pas d'inquiétude, on l'oublie quoique, trappiste et trésorier de l'abbaye d'Aiguebelle (commune de Montjoyer), le 28 octobre 1891, meurtre commis pour lui voler 15 000 francs. Je sens que vous allez me demander quel est le rapport avec ce dénommé Garrus ? On y vient.

Au pied de la guillotine, l'aventurier allemand se vit offrir une proposition honnête, le bourreau lui proposa un verre de Garrus, le susdit élixir de longue vie... Il ne manquait pas d'humour notre triste « exécuteur des basses œuvres ». Mais quel est donc ce fichu élixir et qui était donc ce bon docteur Garrus, si soucieux de notre longévité ou de sa postérité ?

Épicier médecin, médecin épicier, épicier ?

Selon les ouvrages et selon les sources historiques, l'histoire varie : pour les uns, Garrus aurait été un épicier parisien, pour d'autres un apothicaire hollandais, et encore d'autres, tout simplement un charlatan. Qui croire ? A-t-il seulement existé ?

Tout cela est bien beau, mais faux. Nous allons ici, enfin rétablir la vérité : Joseph Garrus, fils de Jacques Garrus, avocat, et de Catherine Fénis, est en fait né à Callas (en Provence) en mai 1648. Il a certainement fait ses études médicales à la Faculté de Montpellier, puis s'est installé à Paris vers 1680.

Un hic, pour exercer dans la capitale, tout médecin provincial devait figurer sur la liste de la Chambre royale des universités provinciales. Ce qui n'était pas son cas. Qu'à cela ne tienne, en 1684 il établit un faux. Un faux assez grossier pour être détecté deux ans plus tard et entraîner, *de facto*, sa radiation. Que devint-il ? Difficile à dire puisque l'on ne retrouve plus de traces de lui jusqu'au mariage de sa fille, plus précisément le 3 juillet 1719. Il habitait alors rue Saint-Louis, et Élisabeth sa fille donc, épousa elle, le docteur Pierre Giron médecin royal.

Veuf, Garrus se serait remarié avec la nièce d'un épicier, d'où peut être cette confusion historique sur sa vraie profession.

Erreur ou assimilation ? Raccourci ? Le médecin serait devenu épicier par son mariage et surtout, pour avoir, entre temps, mis au point son fameux élixir ou liqueur médicinale qui allait communément être vendue en… épicerie.

Est-ce grâce à la consommation régulière de son élixir de longévité, mais notre toubib mourut seulement à 74 ans, âge ô combien canonique pour l'époque, le 17 octobre 1722, étant devenu entre-temps et en plus, conseiller médecin du roi.

Pas mal pour quelqu'un qui avait été radié du corps médical quelque temps auparavant.

Il savait bien compter et bien vendre sa potion notre « client ». Sa veuve, l'épicière, devait lui survivre 15 ans, profitant elle aussi grassement de la renommée et surtout… des ventes substantielles de l'élixir Garus.

Aucune duchesse, aucune princesse ne lui résista

Car l'élixir eut un beau succès, après cependant quelques échecs initiaux : Ainsi la duchesse de Berry mourante, voulant certainement calmer le désarroi de ses médecins de cour ou médecins tout court, essaya en secret, l'élixir. Saint Simon, le gazetier du siècle d'or, nous raconte qu'elle commençait à aller mieux, quand Chirac, son médecin personnel, jaloux de ce mieux, préconisa un lavement formellement interdit par Garrus, car d'emploi contre indiqué avec l'élixir. Résultat de cette joute médicale : la duchesse... mourut. Pas vraiment une réussite, pour un premier essai. Mais ce n'est pas tout, il y a pire encore, la princesse palatine, vous savez la belle sœur du roi experte à Fontainebleau en crottes germaniques (sans s'étendre, se rapporter au chapitre correspondant) suivit le même chemin que la duchesse de Berry, pour le même résultat final. Score 2/0, mi-temps.

Seuls à notre connaissance à avoir résisté au traitement ce qui est un comble pour un médicament, les maréchaux de Villars et de Villeroy, ils furent même guéris. Reconnaissants, ils intervinrent auprès du roi l'encourageant à se procurer la formule, afin d'en faire profiter tous ses sujets. Pour quel bénéfice ? Essentiellement celui de l'épicier, du docteur ou les deux, à vous d'en juger.

Suite à une campagne de promotion bien conduite, le succès de l'élixir fut immense tout au long du XVIIIe siècle.

Une réputation qui traversa la Manche et le Rhin, au point que prendre un Garrus devint d'un commun, un vrai nom commun, même. Un vrai succès authentifié par Flaubert. Ce n'est pas Madame Bovary qui nous contredira ?

Comme on vous l'a déjà dit, après la mort de son mari, la veuve Garrus conserva le droit de vendre la liqueur.

Le secret lui, fut racheté par le roi, en 1727. La fin du Garus ? Même pas vrai ! Il continua à être commercialisé en famille, et ceci pendant encore deux générations. En 1821, la formule fut légèrement modifiée par le Dr Goblin qui ne laissa, lui, aucune autre trace historique, sinon cette légère correction. Le pauvre... Quoique !

Toute ressemblance avec...

Et si prendre une liqueur médicinale n'était après tout qu'un bon moyen pour consommer de l'alcool sur prescription, en toute impunité en quelque sorte ? À une époque où la Sécurité sociale n'existait pas encore, on ne pouvait encore parler de médication de confort.

N'étant pas aussi langue de vipère que Saint-Simon, nous ne nous permettrons pas d'insinuer de telles « contre-vérités ».

Un succès donc, tout au long de ce XVIIIe siècle, puis au XIXe encore et encore, de nos jours. Pourtant, à l'analyse, notre élixir peut sembler pour le moins suspect, à plusieurs titres : d'abord à cause d'une forte ressemblance avec la Grande Chartreuse. Encore un Ordre religieux proche de ses semblables au point de vouloir les conserver en bonne forme. C'est bien connu, l'alcool conserve... Avec ce drôle de médicament, « les bons Pères », avaient trouvé, grâce aux vapeurs d'alcool, le moyen de soigner leur prochain certes, mais aussi efficacement de soigner leurs finances.

Autre ressemblance et encore plus étonnante : l'élixir du Dr Garrus ne serait qu'une pâle copie de la préparation du médecin suisse Paracelse, toujours lui, appelée « liqueur de propriété », ou encore, « teinture d'Aloès ». Ça commence à faire beaucoup en matière de plagiats...

Oui, et ce n'est pas tout : l'élixir de propriété, lui non plus, ne serait pas très éloigné de la fameuse teinture antique de myrrhe et d'aloès. La préparation simplement réalisée en mêlant teinture et pilules pestilentielles préconisées par un autre célèbre médecin antique, Rufus. Pour le tout petit nombre de personnes ayant du mal à le situer dans le temps et l'espace, Il vécut à Rome au début du deuxième siècle. Ses travaux furent eux-mêmes repris dans l'épitomé de Paul d'Égine. Beaucoup plus clair n'est ce pas? Il semble donc aujourd'hui difficile de déterminer qui a copié qui… L'histoire n'est souvent qu'un grand « copier-coller » où les petits malins gagnent le jackpot. Qui a dit : « l'histoire ne se répète pas » ? Elle se reproduit à l'infini !

Peu importe après tout le flacon, quitte à en avoir l'ivresse surtout médicinale : les nombreuses indications de l'élixir en faisaient une vraie panacée.

Panacée ou charlatanisme ?

Si l'on en croit les prospectus de l'époque, c'était même supérieur en action à une panacée, comment est ce possible ? L'élixir était « tout simplement » préconisé dans, on cite : l*e traitement des fièvres malignes, de la dysenterie, des fièvres tierce et quarte, de la petite vérole, de la rougeole, du bubon pestilentiel, des vomissements, de la douleur des coliques, des indigestions, des maux et faiblesses de l'estomac, de l'asthme, de l'apoplexie, de la paralysie, de la léthargie, des mouvements irréguliers, de la gangrène, des ulcères, des blessures et contusions, enfin pour les suppressions aux femmes en couches et les suppressions du flux menstruel. Exempt de corruption, il ne diminue jamais rien de sa vertu, c'est un remède universel, qui fortifie la nature, purifie le sang (…), rétablit la chaleur naturelle (…), et aide la nature et lui* *donne la force d'évacuer sans violence...* Difficile de faire mieux… non ?

Que retenir de tout ce fatras de communication ?

Un peu de médecine

Stimulant digestif, stomachique et tonique, l'élixir l'est c'est sûr.

Utilisable pour aromatiser des potions, il est aussi possible comme liqueur apéritive ou comme digestive.

La potion magique

Elle est obtenue à partir de l'alcoolat de Garrus, liquide incolore, préparé lui-même, par macération, filtration, dilution et distillation d'un mélange d'aloès soccotrin (originaire de l'île de Socotora ou Socotra, dans l'océan Indien), de safran, de myrrhe, de clous de girofle, de cannelle de Ceylan et de muscade. Et… il titre 80 ° d'alcool... pas mal pour une médication censée être thérapeutique, même si comme on l'a déjà dit, l'alcool conserve.

L'élixir comporte en plus de la vanille, du capillaire du Canada – souvent remplacé par du capillaire de Montpellier – de l'eau distillée de la fleur d'oranger et du sucre blanc.

Avec le goût particulier, peu amène de l'aloès, on a ainsi très vite pensé à le remplacer, quitte à augmenter par exemple la quantité de sirop de capillaire.

Sans compter beaucoup de pâles copies mêlant en vrac safran, cannelle, muscade, mais surtout alcool. En termes d'alcool, pourquoi s'en priver ? Certains n'ont pas hésité à y ajouter même du cognac faisant alors faire sérieusement douter d'un rôle médicinal éventuel.

Même si les vins et les liqueurs ont abondamment investi les apothicaireries des hospices, comme le « vin d'accueil de l'Hôtel-Dieu » nous y reviendrons, l'excuse médicinale a tout de même bon dos. Je confirme : même s'il contient du citron vert et de la menthe, le *Mojito* n'est définitivement pas thérapeutique.

ALOÈS

En latin *Aloe vera, aloe soccotrin*

Une plante succulente ou médicinale ?

Un laxatif, un produit cosmétique pour la beauté de la peau, contre les brûlures et les coups de soleil, voir peut être plus.

La plante méditerranéenne bienfaisante par excellence

L'aloès est une plante probablement originaire d'Afrique. Déjà connue pour ses vertus médicinales en Grèce et en Égypte antiques, elle fut utilisée par les Chinois depuis plus de 1500 ans. Aujourd'hui elle est commune au sud de la Loire, un peu moins au nord. Ses feuilles grandes, pointues et épaisses sont caractéristiques. La phytothérapie utilise le suc de la plante (appelé sève ou latex) ainsi que le gel issu du cœur des feuilles.

Le suc séché est un laxatif naturel qui contient des dérivés d'anthracène et de l'aloïne, mais pas seulement. Depuis de nombreuses années, les chercheurs se penchent sur sa composition riche et complexe. Ils cherchent toujours à défaut d'avoir trouvé.

Le suc d'aloès doit être utilisé sur de courtes durées (car il peut devenir irritant pour l'intestin) en cas de constipation occasionnelle. On le trouve dans certaines préparations pharmaceutiques destinées à lutter contre la constipation parfois en association avec d'autres plantes laxatives comme le séné ou la bourdaine, elles au moins aussi toxiques donc attention.

De l'intestin à la peau

Le gel d'aloe vera est translucide et gélatineux. Émollient, on peut l'obtenir en raclant la partie interne (sans contact avec l'écorce) de la feuille coupée dans le sens de la longueur. On conseille principalement le gel d'aloès contre les brûlures et les coups de soleil.

Mais aussi, en favorisant la synthèse du collagène. Il améliore la cicatrisation et est hydratant, d'où son utilisation fréquente en cosmétologie.

En dehors de faire une belle peau, il peut aussi en réparer une abîmée. En cas d'acné, de psoriasis, d'eczéma ou d'herpès. Mais aussi contre les mycoses.

Autres usages

Le gel d'aloe vera est riche en vitamines et en minéraux. Il est plus en plus consommé (dilué) comme boisson « bien-être ». Assurez-vous cependant de la composition de ces boissons qui doivent contenir une proportion très importante de gel stabilisé à froid et doivent être exemptes d'aloïne laxative contenue dans l'écorce.

Le gel d'aloe vera est parfois recommandé contre le diabète de type 2, car il aurait des vertus hypoglycémiantes. Antihistaminique, il serait aussi antiallergique, mais aussi anti-inflammatoire, antioxydant et bénéfique pour les muqueuses digestives : antibiotique et immunostimulant. Pas mal non? De là à comme certains considérer l'aloès comme un anti cancéreux, il y a un pas pour nous à ne pas franchir, même si cette hypothèse ne semble pas complètement absurde.

Oui, mais comment l'utiliser?

Le suc d'aloès se trouve en poudre ou directement en gélules. Pour la posologie, se reporter aux indications des fabricants. Le gel d'aloès est à utiliser en application locale pour les soins de la peau. On l'utilise aussi par voie interne. On déconseille le suc d'aloès aux femmes enceintes et allaitantes et aux enfants. Il convient d'éviter un surdosage avec alors des effets secondaires non négligeables tels que malaise, hypothermie, ralentissement cardiaque (bradycardie), vomissements et diarrhée.

Une limitation à son emploi pur est son goût très amer.

Contre indication aussi chez les personnes souffrant d'hémorroïdes ou plus généralement d'insuffisance veineuse.

En conclusion l'élixir de Garrus : oui si on veut s'alcooliser médicalement, non si on préfère se soigner... Un peu trop facile comme excuse, n'est-ce pas ?

Le Dr Debreynne maître à panser ou à penser ?

Est-ce sa naissance survenue trois ans avant la Révolution française, soit en 1786, pas de chance (trop petit pour en profiter) un 7 novembre qui a fait de lui un être instable (en même temps il y a de quoi) ? Difficile à dire !

Un peu d'histoire

Du nord à la médecine, encore un, passé à la Trappe

De ses parents on ne sait rien ou presque. Simplement tous les deux sont des chtis. Son père, Pierre François né en 1754, mourut en 1798 point.

Sa mère Victoire, Reine, Alexandrine Blaevert née en 1761 est décédée en 1788. Ils se sont mariés le 8 novembre 1785 dans le Nord et ont donné naissance à Pierre Jean Corneille juste un an après, presque jour pour jour.

Pour débuter fort, on fait mieux : Pierre Jean Corneille s'est vite retrouvé orphelin de mère puis de père. C'est pourquoi il fut mis en pension dans une nouvelle famille d'accueil : les bons Pères, comme on disait alors, ils en feront un bon petit soldat de la Foi, ou presque.

Un passage chez les frères qui fut peut être plus compliqué qu'il n'y parait, comme peuvent le laisser croire ses écrits postérieurs (aucun jeu de mots à ce sujet, n'est permis), mais à ce stade ce ne sont que supputations gratuites dont il faut s'abstenir.

Bonne question : pourquoi fit-il médecine ? On ne le sait pas non plus. Peut-être en réaction à sa « programmation religieuse ». Pas de conclusion hâtive le personnage est bien plus complexe.

On ne retrouve en fait de « traces » de lui, que quand il vint à bout de ses études de médecine, en fait à vingt-huit ans, en 1814. Pas très précoce ou de vocation tardive, à vous de choisir.

À partir de ce moment-là, il sera pour toute sa vie, écartelé entre sa foi en Dieu et sa croyance en l'Homme, double postulat parfois contradictoire et jamais simple à vivre. Le tout est d'y croire comme aurait pu dire Coluche... Médecin théologien ou théologien soignant qui pourrait le dire ?

Pas même lui, peut-être. Et puis après tout *pourquoi chercher à refaire l'Histoire, contentons-nous de la suivre et d'en tirer conséquences.* Schopenhauer.

À la trappe

Toujours écartelé, il devint médecin de l'Ordre religieux des Trappistes, avant, de prendre lui même l'habit vers 1840. Les dates sont têtues : médecin à vingt-huit ans, frère à quarante-quatre, ce n'est pas un rapide notre Homme, assurément un contemplatif pensif. Il a l'air de prendre son temps, avant d'agir. Pour lui, on ne pouvait pas plus parler d'un coup de foudre religieux, que médical, mais plutôt d'une lente maturation qui mit du temps à se mettre en place. Peut-être aussi un manque de confiance fondé sur une enfance en manque affectif? SOS Freud…

À moins que sa pratique médicale ne lui ait vite révélé les limites de l'art de soigner. On ne peut guérir sans le spirituel ou version *low cost*, le merveilleux : demandez aux sorciers et aux chamans, il y a longtemps qu'ils l'ont compris eux, les médecins toujours pas. Les uns guérissent, les autres soignent. Ceci est un autre débat, quoique, revenons à Pierre Jean Corneille.

Bien à sa place à la Grande Trappe, ou parce qu'il s'ennuie, il va se mettre désormais à beaucoup écrire (normal, quand on se prénomme Corneille, pardon je ne recommencerai plus). D'abord, un *Traité sur les péchés, ou Moechialogie*, difficile à lire pour un esprit contemporain (déjà rien que le titre, il faut se le faire), puis un essai sur la théologie morale, voilà pour le théologien, jusqu'à un traité sur les vertus de la belladone, le médecin perce.

Tout ceci entre les années 1842 et 1852, soit une variété de documents qui peut à tout le moins intriguer, interroger, voire interpeler. Ou alors, simplement illustrer la complexité de l'espèce humaine représentée par Pierre Corneille au moins.

Pendant cette période, le frère Debreynne s'élevait contre les pratiques immorales, selon lui génératrices de toutes sortes de maladies, établissant un catalogue complet des licences. Dans le même temps, le docteur lui s'élevait, bien avant Dolto, contre les châtiments corporels infligés aux enfants. Des châtiments qui risquaient selon lui de leur communiquer des habitudes vicieuses, puis adultes de reproduire ce qu'ils ont subi. Une phrase étonnamment moderne et tellement évidente à écrire de nos jours, beaucoup moins à l'époque.

Très moderne Corneille finalement. À moins comme aurait dit Sigmund que tout cela ne resurgisse d'un traumatisme initial... allez savoir. Il persiste et signe ses écrits allant dans le sens de l'observation démontrant l'implication psychologie, physiologie.

La fustigation ou la flagellation, employée comme châtiment, peut avoir un résultat bien différent de celui que l'on attend. En effet, cette exécution, nécessairement précédée de la dénudation, a fait souvent connaître, à certains signes non équivoques que ce châtiment n'allait pas à son but. On a vu des enfants aimer et rechercher avec empressement ces sortes de corrections ; d'autres y ont trouvé le funeste secret de l'onanisme.

Ça sent presque le vécu… Chut, encore une supputation gratuite.

Redresseur de torts, notre frère poursuivit sa croisade théologique à l'encontre du mal installé dans l'espèce humaine.

Après les enfants, il s'occupa des femmes, du moins à sa façon, là on sent beaucoup moins le vécu, pour cause, et donc le flou, ceci expliquant cela.

Pas de problème et… beaucoup moins de modernité, il n'est question pour la gent féminine, que de devoirs conjugaux : *il ne lui est pas permis, il est inutile (à la femme) même de s'achever quand l'homme à « méché » la chandelle…*

Difficile de faire plus clair et plus imagé, mais la jolie tournure de la formule n'excuse pas tout.

Notre médecin a bien du mal à établir un équilibre entre la santé physiologique et la cause religieuse suite vraisemblablement et toujours à cette fêlure initiale constitutionnelle.

Peut-être ? Ou sinon joyeux paradoxe à voir ?

Est-ce à cette fêlure qu'a été sensible Flaubert, s'y est-il retrouvé, trouvé ou reconnu ?

Qui sait ? Ce qui est sûr c'est qu'il a lu les écrits du Dr Debreynne et en parlait même comme : « du Sade, mais sans la gaieté ». Pas mal vu… On peut même supposer qu'il s'est servi de ces lectures pour au moins certains passages de son livre « Bouvard et Pécuchet ».

Retour sur Debreynne.

Un peu de médecine

Et la belladone dans tout ça ?

Notre bon père, jamais à court d'une contradiction, continua d'écrire sur des thèmes variés. Il publia ainsi en 1852 un traité sur la belladone et son utilisation pratique. Étonnant : un livre qui reprit, si l'on en croit ses affirmations, des travaux plus anciens, mais, écoutons-le plutôt :

Nous avons commencé à employer la belladone dès l'année 1815 grâce à un pied de cette solanée célèbre que nous avons trouvée dans un jardin inculte.

Suit tout un traité sur l'utilité de la plante pourtant connue alors comme toxique. En 1773, quatre enfants de l'hôpital de la Pitié étaient même morts dans ce qui avait été nommé alors « un délire gai » suite en fait à la consommation de baies de belladone trouvées dans le jardin des plantes voisin.

Une plante que déjà une bénédictine célèbre Sainte Hildegarde avait pris soin d'utiliser.

Le docteur Debreyne mit au point les pilules de Lancereaux à base de scille, de digitale et de belladone, illustrant la doctrine de Paracelse selon laquelle dans la nature tout est médicament ou poison fonction de la dose employée. Stop on vous l'a déjà conté…

Il « passa à la trappe » pardon, il mourut à la Trappe de Coligny le 28 aout 1867. Qu'en penser ?

Pas si simple… Avec un tel personnage aussi compliqué qu'attachant. Le Docteur Debreyne a toute sa vie été un peu écartelé entre sa formation, sa foi catholique et son exercice scientifique médical toujours très imprégné d'humanisme.

Ce qui peut expliquer le versant très moderne de sa pensée, pouvant précéder une phase beaucoup plus théorique et rigoriste. L'homme de science s'arrête devant l'homme de Dieu et lui obéit quand il se fait pensant, trop pressant.

À condition de pratiquer un rigoureux tri sélectif de ses écrits, Pierre Jean aurait encore beaucoup de choses à nous apprendre, pas seulement sur ses formules médicinales, mais sur les rapports étroits existant entre la physiologie et la psychologie. S'il est injustement passé de mode, il fut beaucoup lu et inspira beaucoup d'auteurs, contemporains ou leurs suivants, comme on l'a vu en début de chapitre pour Flaubert, et ce n'était déjà pas si mal.

À redécouvrir donc et à rééditer pour un éditeur courageux, s'il en subsiste…

Quant aux pilules de Lancereaux que dire sur la scille, la digitale, la belladone ? Sinon que l'ensemble réalise une triade potentiellement et synergiquement toxique, alors bof, bof, on évite.

La potion magique

SCILLE

Ou en latin : *Scilla maritima.* Mais aussi oignon marin, charpentaire.

Toxique ++

Cette plante connue de longue date, y compris en Égypte, contient des composants hautement toxiques comme le scillarène, tonicardiaque voisin de la digitaline bien qu'il ne s'accumule pas lui dans le corps comme elle.

En même temps la plante est utile pour éliminer l'urée qui s'accumule quand les reins sont devenus paresseux.

Devant sa toxicité nous ne recommanderons aucune forme ni ne conseillerons aucune formule, les risques sont trop grands pour les effets à en escompter.

Et il en sera presque de même, ou presque, pour la digitale.

DIGITALE

En latin : *Digitalis purpurea*. Mais aussi : gant de Notre-Dame, gant de bergère

Danger si accumulation

Cette plante décrite pour la première fois au XVIe siècle par un botaniste bavarois est médicalement efficace même trop, car son accumulation dans le sang peut vite entraîner des effets secondaires, en limitant considérablement l'emploi.

Pourtant l'infusion de ses feuilles est un remarquable tonicardiaque agissant aussi bien sur les troubles du rythme, que sur une insuffisance myocardique. Toutes ces vertus sont liées à la présence de digitaline qui fut des la fin du XIXe siècle commercialisée par les laboratoires Nativelle et avec le succès que l'on connaît.

Devant le risque important toxique, nous ne conseillerons pas de forme contenant de la digitale. Pour information les pilules de Lancereaux du Dr Debreyne se prenaient à raison de 2 à 6 par jour…

Mais oublions les pilules pour ne conserver que leur créateur qui mérite mieux que l'oubli.

L'emplâtre de Vigo

Avant Ambroise Paré, pour parer et réparer les plaies : l'emplâtre de Vigo

Fils de son père (c'est mieux), Baptiste de Vigo, chirurgien en titre du marquis de Saluces, Jean suivit en fait son exemple.

Un peu d'histoire

Il naquit par le siège

Sa date de naissance est tout aussi approximative que l'est le début de sa vie. Ce serait peut-être 1460 à Rapallo dans le duché de Gênes. Prit-il la suite de son père auprès du marquis de Saluces ? Certainement, puisque l'on trouve des traces de sa bravoure au siège de sa Ville, Saluces en 1484 et 85. Il y fit preuve de beaucoup de courage tout en ayant beaucoup de travail médical. Un courage remarqué, puis distingué, par le cardinal Julien de la Rovera (il ne vous dit rien ? Il était pourtant le futur et grand pape Jules II). Il avait fait le bon choix le Jean puisque devenu pape, le cardinal le prit comme premier médecin : une belle promo pour un petit provincial. Mais sa vie ne fut pas aussi tranquille qu'il y paraissait alors.

Ça se gâta, vite peut être pas, notre pape étant un belliqueux, il fit donc la guerre. D'abord avec les Borgia pour reprendre la Romagne. Le spirituel c'était bien, mais les biens matériels comptaient alors tout autant, sinon plus, et le pape se devait d'avoir ses légions et pas seulement constituées d'anges. Jugement personnel.

Il reprit donc la Romagne, mais dut céder devant le roi de France Louis XII qui avait lui aussi des intérêts dans le secteur.

Rien de tel qu'un champ de bataille comme champ d'expérimentation pour un médecin, un chirurgien surtout peut ainsi bien se faire la main. Et il se la fit bien la main Jean de Vigo, il opéra à longueur de conflit, plutôt bien même, puisqu'il quitta la terre couvert d'honneurs et de richesses par son protecteur papal.

Mais que savons-nous encore de lui ?

Constipation et syphilis les deux piliers de sa gloire

Entre deux conflits et avant de disparaître, il eut le temps d'écrire en 1514 un livre qui nous permet de mieux le cerner. Titre explicite de ce livre *Practica in arte chirurgica copiosa continens novem libros.* Livre de Jean de Vigo traduit en 1537 en Français sous le titre : Pratique en chirurgie du très excellent Docteur en médecine, Maître J. de Vigo. Nous n'avons pas retrouvé son éditeur, mais il semble historiquement impossible qu'il ait paru aux éditions Vigot à cette date, une maison d'édition encore en gestation ?

Peu importe, le livre était aussi passionnant qu'un catalogue Manufrance, car on y trouvait tout, d'ailleurs surtout pas ce qu'on y cherchait et essentiellement ce qu'on n'y cherchait pas. Comme exemple : En vrac, tout un article très intéressant et novateur sur les techniques de trépanation. Le trépan outil antique et alors couramment utilisé, était bêtement tombé dans l'oubli, ce qui fut fatal à beaucoup de traumatisés y compris royaux, ce n'est pas Henri II qui nous contredira, même là où il repose. Précurseur Vigo le fut : ainsi donc, Monsieur Ambroise Paré, vous avez du lire Vigo, le copier et n'en rien dire !

Un peu de médecine

L'emplâtre de Vigo

Pas si mal, mais ce n'est pas tout : est aussi décrite avec précision, la technique de ligature des vaisseaux qualifiée de « nécessaire » en cas d'hémorragie. Visionnaire et pragmatique notre chirurgien…

Je vous vois sourire, tout ceci est évident mon cher Watson, sauf qu'à l'époque c'était loin d'être si évident que cela et son traité témoignait d'une belle analyse liée essentiellement à l'observation attentive des blessés et un bilan précis des blessures et de leurs conséquences.

Les pauvres soldats, blessés ou tués, auront été au moins utiles à leurs futurs collègues, de guerres futures.

On vous a prévenu, on trouve de tout et même du moins lourd : en plus du traitement des problèmes de lutte des cheveux, de leur teinture, il s'occupe aussi, de la rétention d'urine, et des médications aphrodisiaques : un vrai catalogue vous dis-je!

Le cœur actif et central de l'ouvrage étant cependant l'emplâtre destiné à activer la cicatrisation des blessures, une belle création médicinale, bien que produit peu rentable, en période de paix.

Il lui fallut alors chercher d'autres clients; et si par hasard cet emplâtre se montrait aussi efficace sur les ulcérations des syphilis secondaires : un autre marché s'ouvrait et qui lui n'avait pas pour ainsi dire, de saison creuse (bof, bof) ne manquant pas vraiment de clients ? Un lancement fulgurant avec un succès immédiat et qui perdurait encore, il y a peu de temps, avec une formule un peu édulcorée. Vous allez comprendre à la lecture de la composition de l'emplâtre, pourquoi il a fallu épurer la recette. Une raison pour laquelle nous ne donnerons pas les dosages exacts de chaque composant. S'il prenait, par hasard, l'envie à certains de nos lecteurs de reproduire la formule initiale, nous aurions pour le moins des ennuis avec les associations de défense des animaux... Suivez-nous :

La potion magique

Voici la recette originelle et pour le moins originale :

Mêler huiles de camomille, d'aneth, de speca, de lys, de safran

Graisse de porc
Graisse de veau
Euphorbe
Encens
Huile de laurier
Graisse de vipères
Grenouilles vivantes
Vers de terre lavés dans du vin
Suc de racine d'Hièble
Suc de racine d'aunée
Jonc odorant

Stoechas
Matricaire
Vin aromatique

Faire bouillir le tout jusqu'à consomption du vin, passer ajouter la colature suivante :
Lithiarge d'or
Térébenthine claire

Déjà pas si simple et ce n'est pourtant pas encore fini, il faut ajouter de la cire blanche, enlever du feu et ajouter du vif argent éteint dans la salive, agiter de nouveau jusqu'à ce que le vif argent soit bien incorporé.

Ouf c'est prêt et efficace.

La formule sans vers de terre, ni grenouilles ni salive, comprenant en fait 11 composants au lieu des 23 n'a été inscrite au Codex pharmaceutique qu'à la fin du XXe siècle. Sa disparition de la liste résultant de la quasi-disparition elle-même de la syphilis ou presque ou du moins l'apparition de médications plus… faciles à fabriquer et certainement plus efficaces.

On oublie donc l'emplâtre, mais on retient Jean de Vigo un de ces rebelles que l'on aime bien et qui a sa place dans notre propre catalogue de ces médecins injustement non retenus par l'Histoire et qui auraient mérité un meilleur sort. Il n'est peut-être pas trop tard…

Jean-Claude Desessartz ou Des Essartz

Inspirateur de J.J. Rousseau, rebelle, homme des refus

S'il est un médecin méritant d'être statufié pour la postérité, c'est bien lui. Et pourtant, son nom n'est souvent connu des anciens pharmaciens que par l'une de ses préparations, un sirop pour les enfants. Une injustice à vite réparer…

Un peu d'histoire

Premier refus du génie et de la théologie

Jean-Claude Desessartz est né en 1729 dans l'Aube à Bragelone (déjà un signe comme nous le confirmera Alexandre Dumas, même si l'analogie est fausse pour son vicomte et fils d'Athos, le mousquetaire, et encore un qui finit mal). Fils donc d'un officier militaire du génie, il aurait dû suivre l'exemple de son père. Eh bien non, ce fut son premier refus. Peut-être dû à la perte très jeune de ses deux parents. Désormais orphelin, il poursuivit ses études du tonnerre, à Tonnerre pardon, quoique. Sous la protection de son oncle professeur de philosophie, devenu son tuteur en l'absence de ses parents, il fut très vite repéré par les bons pères jésuites, qui le poussèrent à aller à Beauvais faire sa théologie. Pour payer ses études, il donnait des cours de math à des plus jeunes que lui, moins doués, mais plus fortunés.

Petits filous, nos jésuites comptaient bien garder parmi eux cet esprit brillant, curieux, en deux mots ouvert et intelligent.

Hélas pour eux, heureusement pour nous : second refus, il préféra la médecine à la théologie. Pourquoi ? Peut-être simplement, en réaction aux chemins trop droits et trop tracés à l'avance ?

Toujours sans revenus, il n'eut pas le choix pour faire sa médecine : seule l'école de Reims acceptait les étudiants impécunieux comme lui. Et il réussit…

Médecin en campagne pour la postérité

Nommé médecin, il s'enterra, pardon, s'installa à Villers-Cotterêts. Ayant gardé de bonnes relations ecclésiastiques et grâce à la protection du marquis de Barbançon, un noble pieu, il devint un des médecins du duc d'Orléans. Pas mal déjà pour un petit toubib de province. Il ne s'arrêta pas là.

Après quelques années passées à Villers, il rejoignit Noyon. Moins pire… Il s'y fit un nom, un renom même. S'ennuyant ferme dans sa campagne, mais esprit curieux, il disposait de temps pour interroger correctement et longuement, bien observer ses patients : ce qui constitua vite, en même temps qu'une grande expérience professionnelle, une vraie mine de renseignements, dont il tirera profit plus tard. Il s'intéressa particulièrement aux plus petits de ses malades et collationna dans ses observations tous les éléments pour rédiger un livre en 1760 : *Traité de l'éducation corporelle des enfants de bas âge*. Un livre qui fit date.

Nouveau refus de l'ordre établi pour ce promoteur d'idées nouvelles… vite récupérées par J.J. Rousseau

Un texte si complet et si nouveau dans son esprit, qu'il intrigua et influença les esprits curieux de son époque. Tous ceux, et ils commençaient à devenir nombreux, qui refusaient comme lui les vérités anciennes garantes du vieil ordre établi.

Troisième refus de sa part et pas le moindre.

Parmi les contestataires appartenant aux esprits éclairés : Jean Jacques Rousseau qui sentant un vent nouveau se lever, et accessoirement à cours d'argent, était en cours de rédaction de son *Émile ou de l'Éducation* et peut être aussi un peu à court d'idées.

Suite à la lecture de Desessartz, il en modifia, dit-on, plusieurs chapitres, à moins qu'il ne pratiquât alors une forme prémonitoire du devenu classique copier-coller. Avec une forme certaine d'ingratitude…

Simple oubli certainement, il ne cita même pas notre confrère comme son inspirateur, oubliant par la même occasion, de le remercier pour ses apports. Après tout, l'écrivain n'était pas à un paradoxe près, lui qui prônait l'éducation des enfants des autres, en ayant confié les siens à l'Assistance publique selon le fameux principe, faites ce que je dis, mais surtout pas ce que je fais.

Pour le « pitchoun » : le sein maternel, plutôt que celui de la nourrice

Son ouvrage, celui de Desessartz, était un vrai brûlot révolutionnaire, mais tout en douceur et riche en humanité, ce qui tranchait sérieusement en cette période prérévolutionnaire.

À une époque où l'enfant en bas âge, peut être parce que beaucoup mouraient jeunes, était encore considéré comme principalement un tube digestif, au mieux un petit animal, il donna au nourrisson un vrai statut de petit d'homme, mais surtout de petit homme.

Cet être, qui était certes en devenir, mais déjà un vrai être et demandait donc bien plus qu'un gavage, une attention particulière personnelle avec des soins corporels, mais aussi une vraie approche psychologique pour l'aider à grandir harmonieusement. Bien vu!

Il a ainsi demandé aux mères de passer du temps avec leurs enfants, de les allaiter plutôt que de les confier, nouveaux nés à une nourrice et ceci pendant un à deux ans. Des conseils là encore évidents de nos jours, mais détonants au XVIIIe siècle.

Avec son langage fleuri qui ne peut laisser indifférent comme dans ce passage où l'auteur nous confie le témoignage d'une jeune mère à qui il avait demandé d'allaiter :

Il m'est difficile de rendre compte de ce qui s'est passé en moi, j'ai senti une commotion que je ne peux comparer qu'à celle que produit l'étincelle électrique ; aussi vive qu'elle, elle m'a soulevée, m'a entrainée vers mon enfant, elle s'est bientôt épanouie dans tout mon corps en y répandant une chaleur délicieuse, à laquelle a succédé le calme d'une volupté inexprimable, lorsque mon enfant a saisi le mamelon et a fait couler la liqueur que la nature et ma tendresse lui destinaient.

Peut-être un peu fort et romantique, mais si joliment écrit…

Après les enfants, les mères

Il conseilla aux femmes d'éviter les « corsets prisons » qui enserraient trop fortement le corps, les empêchant ainsi de bien digérer, de correctement respirer. Son succès, là fut moindre, se heurtant aux critères de beauté, il avait peu de chance de passer et de convaincre, il n'en eut pas.

Il fut bien cependant meilleur ailleurs :

Il insista beaucoup sur les soins d'hygiène, là encore, loin d'être toujours correctement connus, retenus et encore moins appliqués.

Son séjour campagnard avec son lot d'épidémies lui avait appris que beaucoup de pathologies naissaient en fait d'un simple défaut de soins primaires, de l'absence de mesures de propreté et que la prévention était bien plus efficace que la lutte contre les affections.

Le siècle des Lumières… en médecine même, pointait son nez et Desessartz avait eu le nez fin, on allait enfin lui en être reconnaissant.

Il monta enfin à Paris, mais encore refusa

Au point que, reconnaissant ses mérites, ses pairs de la Faculté de Paris le nommèrent en 1770 professeur de chirurgie d'abord, puis de pharmacie en 1775, et même doyen en 1776.

Une belle ascension dans l'échelle sociale pour notre petit campagnard handicapé au départ. Comme quoi : le mérite finit toujours par payer.

Doyen désormais, mais de caractère égal, il s'opposa à la création de la Société Royale de Médecine, un nouveau refus de sa part. Considérant que cette entité nouvelle risquait selon lui, de faire doublon avec la Faculté de médecine qu'il dirigeait désormais.

Les années s'écoulaient marquées par des conflits larvés, quand la Révolution française mit tout le monde d'accord : elle trancha catégoriquement la querelle (oui, oui facile) en supprimant tout bonnement les deux sociétés savantes comme nombre de leurs membres d'ailleurs.

Cette période trouble passée, le calme revenu, il put reprendre son occupation favorite : le refus. Après l'avoir si longtemps et si constamment combattue, il se mit à défendre feu la Société Royale de Médecine, survivant tant bien que mal avec les quelques praticiens ayant réchappé à la terreur. Devenue l'Académie Royale de chirurgie : Il la dirigea.

On était bien loin désormais du petit cabinet de Villers-Cotterêts, il avait pignon sur rue à Paris et consultait près des colonnades du Louvre.

Insatisfait de nature, il continuait d'écrire : notamment un traité demeuré célèbre sur le croup ou diphtérie. Le croup dont il aurait sauvé peut-être, grâce à sa formule de sirop, le propre fils de Cuvier.

Un peu de médecine

C'est dans ce livre qu'il livra la formule du sirop qui devait porter son nom et encore connu de nos jours, comme sirop infantile antitussif : sirop de Desessartz.

Au Louvre, juste à côté en fait, il s'éteignit chez lui le 16 avril 1811, d'un catarrhe pulmonaire suffocant : la mort fait parfois preuve d'un humour décapant. Mourir de catarrhe pulmonaire : un comble pour ce génial inventeur de sirop pulmonaire. Il n'avait peut-être plus de flacon sous la main ou les pharmacies étaient fermées.

L'hommage qui lui fut rendu fut à la hauteur de sa réputation, alors très grande : un premier discours sur sa tombe par Nacquart et un autre hommage rendu à l'institut, par le grand Cuvier lui-même. Il devait se sentir pour le moins reconnaissant de lui avoir sauvé son fils en bas âge d'une laryngite striduleuse.

Une belle fin, mais une fin tout de même, hélas le mot n'est que trop juste : qui en effet, de nos jours, connaît encore le docteur Desessartz, mon éditeur lui-même et confrère pourtant, m'a avoué son ignorance à son sujet.

Honte non pas à lui… seulement, mais surtout à cette absence de Panthéon médical qui regrouperait ses serviteurs, entretenant cette absence de reconnaissance et même de connaissance de leur action, par absence de mémoire collective envers ces bienfaiteurs médecins. À travers tous les âges, ils se sont souvent bien battus pour le mieux-être de leurs proches.

Au frontispice serait inscrit (en lettres de sang) : Aux médecins, les patients mal reconnaissants…

La Médecine, élément ou instrument de la Comédie humaine, ne serait elle après tout qu'un théâtre d'ombres où médecins et patients, nous tous en fait, après avoir quitté la lumière, erreraient désormais sans but ?

Eh oui : Comment guérir quand on n'est plus ?

Stop aux divagations, top action.

Que contient donc ce fameux sirop contre la toux ?

La potion magique

Elle comprend en fait :

30 grammes d'ipécacuanha
100 g de séné
30 g de serpolet
125 g de coquelicot
100 g de sulfate de magnésie
750 g de vin blanc
750 eau de fleurs d'oranger
150 g de sucre

Mais la recette ?

Faire macérer l'ipéca et le séné dans le vin pendant 12 heures ;

Passer, exprimer, filtrer.

Ajouter les autres composants secs, verser dessus 3 litres d'eau bouillante. Laisser infuser 6 heures, passer, exprimer.

Ajouter l'eau de fleurs d'oranger, puis le sucre, le sirop est prêt.

Son principal constituant est l'Ipécacuanha, mais aussi, le coquelicot, le serpolet, le séné.

Les plantes miracles du fameux sirop

IPÉCACUANHA

En latin *Carapichea ipécacuanha*

Cet arbrisseau provient des vallées sauvages et humides d'Amérique du Sud. C'est sa racine à l'odeur nauséabonde qui est utilisée en médecine. La racine de l'ipécacuanha contient de l'émétine, un alcaloïde qui, présent à grande concentration, a des propriétés vomitives et n'est donc pas sans risques mis entre toutes les mains. C'est pourquoi si le sirop n'est plus en vente libre en France, il est disponible sans ordonnance au Canada. Au Québec, seul un pharmacien agréé peut le commercialiser. Trop compliqué donc en auto médication à réserver donc aux professionnels de santé.

COQUELICOT

En latin *Papaver rhoeas*. Mais aussi : pavot des champs, pavot rouge, coq, mahon, ponceau.

Cet ami du sommeil retrouvé est aussi un combattant actif de la toux.

Des guirlandes pour le repos éternel, des pétales pour la toux.

En raison de sa ressemblance avec la crête de coq, la plante est appelée jusqu'au XVIe siècle « coquerico ». Ce qui ne l'empêche pas d'être connue de longue date. Comme aurait dit Dioscoride ces graines avaient vertu de « lâcher modérément le ventre ».

Mais ce n'est pas tout, ou toux?

À côté de l'ipécacuanha, ici, dans le sirop de Desessartz le coquelicot joue bien ce rôle antitussif.

Les pétales utilisés en infusion se montrent très efficaces contre les affections pulmonaires, calmant la fièvre, la toux et favorisant la transpiration en cas d'infection.

De la famille des opiacés, légèrement narcotique il aide à s'endormir. Et chez un enfant fiévreux et qui tousse, ce n'est pas sa moindre qualité.

Les pétales essentiellement

On le prendra essentiellement en infusion 10 g par litre d'eau 4 à 5 tasses par jour en cas de rhume ou de mauvaise bronchite, mais aussi d'asthme et sur avis médical.

Le coquelicot est aussi efficace contre la coqueluche.

SERPOLET

En latin : *Thymus serpyllum*

De la famille du thym, le serpolet est surtout désinfectant au niveau digestif, ce qui lui confère des propriétés anti-infectieuses tout court et immuno stimulantes utiles dans la formule du sirop, en fait, complémentaire.

SÉNÉ

En latin : *Cassia augustifolia*

Son rôle essentiel, en augmentant le péristaltisme intestinal, est d'être un purgatif puissant. À fortes doses, il provoque une débâcle intestinale en règle.

On utilisera des cachets ou des gélules de poudre de séné.

La prise régulière de la plante, irritante au niveau intestinal, est contre indiquée en cas d'appendicite ou de colite chronique. Elle est susceptible également d'entrainer des baisses de potassium sévères par cette même irritation colique.

Dans la formule du sirop, le séné est un peu un purgatif, effet complémentaire de ses compères. On ajoute un calmant léger comme l'eau de fleurs d'oranger et le tour est joué.

C'est là que s'apprécie la formule de notre confrère : chaque plante est active, mais les mélanger permet d'obtenir un sirop calmant la toux, permettant de lutter contre les infections, et légèrement purgatif et somnifère. Une vraie synergie active : bravo et merci au Dr Desessartz même si maintenant nous avons d'autres préparations. Quoique peu à peu les sirops antitussifs aient été interdits chez les nourrissons. Et si on revenait à des moyens plus simples plus proches de la Nature, quitte à laisser un peu tomber la chimie. Qui serait gagnant ? Tout le monde de la médecine, excepté les laboratoires pharmaceutiques classiques, mais ceci est un sujet financièrement tabou.

Pierre Pomet et le baume du commandeur de Pernes

Une belle énigme comme l'histoire nous en réserve parfois, avec de belles surprises. Ici sous la forme d'un baume qui, d'où qu'il vienne, a montré et montre encore de nos jours, toute son efficacité.

Un peu d'histoire

D'où vient donc ce baume ?

Personnellement, je ne connais pas d'autre spécialité médicale qui ait comme lui au moins autant de titres, autant même qu'un Grand d'Espagne.

Jugez plutôt : Baume du commandeur de Pernes, baume du Chevalier de Saint-Victor, baume des Innocents, baume de la Miséricorde, baume catholique, baume turc, baume persique, élixir traumatique, teinture balsamique, vulnéraire anglais... Qui dit mieux ?

Autant de titres, pour autant de mystères accompagnant son origine. Mystère, si l'on tient compte de chacun, lumineux, si on les considère dans leur ensemble.

Regroupons d'abord tous ces titres : un commandeur, un chevalier, puis une forte connotation religieuse (catholique, innocents, miséricorde), un fort parfum oriental (dans sa composition, on le verra comme dans son appellation persique), un rapprochement avec les Turcs (l'Orient toujours). Cela fait beaucoup de coïncidences pour un baume destiné à soigner les plaies et les blessures, n'est-ce pas plus clair ainsi ? Et si ce baume provenait tout simplement d'un ordre religieux guerrier ? Un Ordre qui aurait beaucoup sévi en Orient et même combattu les Turcs, pour la possession de la Terre sainte. Simple, pas encore suffisamment ? Alors, un Ordre avec des commandeurs et des chevaliers, bon Dieu, mais c'est bien sûr, on parlerait peut être des chevaliers de Malte. Ils ont en effet beaucoup voyagé, beaucoup combattu, ont donc été beaucoup blessés et ont dû beaucoup se soigner, et soigner par vocation.

Lors des combats, on faisait des prisonniers. Et quand on connaît l'habileté des médecins arabes tirant eux-mêmes leurs connaissances de l'Antiquité, mais aussi des Chinois et des Indiens, on ne serait pas étonné de penser que le baume du Commandeur serait en sorte une « prise de guerre » rapportée par les chevaliers de Malte. Vous avez dit prise ? Peut-être un trésor ! il n'est pas interdit de rêver. Les prédécesseurs des chevaliers de Malte n'étaient autres que ceux de Saint-Jean et les Templiers eux-mêmes. Et si le Trésor des Templiers n'était autre que la recette du baume du commandeur de Pernes ? Le Grand Maître de Rosnay aurait-il été condamné et brûlé pour un baume contre les plaies et brûlures ? L'hypothèse est amusante, mais hélas bien peu crédible, alors d'où viendrait donc ce baume ?

Dijon, Toul

En cherchant, on trouve bien la trace d'un commandeur de l'Ordre de Malte nommé Pernes qui sévissait à Dijon et régissait plusieurs commanderies notamment dans le nord et dans l'est de la France.

On se rapproche de Toul, vous allez comprendre pourquoi. On trouve aussi un chevalier de Saint-Victor nommé Gaspard de Saint-Victor qui fut fait chevalier de Malte le 1er décembre 1650. On tourne toujours autour de l'Ordre et pourtant Pierre Pomet qui a le premier écrit sur ce baume, n'appartenait pas à notre connaissance, à cet ordre chevaleresque. Que fait-il donc ici ?

Il nous a avoué avoir reçu cette formule de « Monsieur de Pimodan, lieutenant du Roy, à Toul en Lorraine ». Quid de « Toul » cela ? Si on prend soin de rapprocher les lieux, de réunir les personnes, tout semble pourtant s'emboiter. Peut-être trop bien même ?

La formule pourrait donc provenir d'un médecin arabe, ou turc au moins, d'où ses premiers qualificatifs (baume turc), avoir ensuite été récupérée par l'Ordre combattant et soignant de Malte et avoir alors été débaptisée (sous le nom plus orthodoxe de baume catholique, des Innocents)... Le commandeur de l'Ordre à Dijon M. de Pernes et le Chevalier de Saint-Victor se seraient, ayant eu connaissance de cette préparation ô combien efficace, vu confier la mission de la répandre dans l'ensemble de la chrétienté, y compris dans les armées royales. Les chevaliers avaient fait vœu de pauvreté, l'Ordre pas vraiment et la commercialisation de cette préparation pouvait s'avérer, certes spirituellement rentable, mais surtout matériellement profitable.

Peut être trop belle cette histoire pour être totalement vraie, pas mal trouvée quand même, à vous d'en juger et de me déjuger… peut être !

Mais revenons à Pierre Pomet qui était-il donc ? Encore un de ces médecins oubliés ? Non, il ne fut pas médecin…

Et bien nous, nous avons décidé de prendre le risque de rompre le déroulement à notre goût, un peu trop tranquille et consensuel de ce livre jusque là, trop médicalement correct.

Pierre Pomet est né le 2 avril 1658, mais il est très vite devenu un curieux botaniste ou plutôt un botaniste curieux.

Son apprentissage botanistique à peine achevé, il se mit à beaucoup voyager : l'Angleterre, la Hollande, l'Allemagne, l'Italie. Circulant partout, il rencontra beaucoup de personnes et ramena des quantités importantes de souvenirs. Non pas ces babioles pour touristes qui devaient déjà exister, mais des plantes, des pierres des régions qu'il traversait, mais aussi quantité de drogues avec leur mode d'emploi, qu'elles soient indigènes ou importées lors d'échanges internationaux.

Curieux de tout, il avait décidé d'établir un catalogue des drogues existantes et surtout de leur utilisation.

Résumer les drogues végétales certes, exercice dans ses cordes pour lui, mais aussi minérales et animales, plus complexe. C'est ainsi qu'il collecta les données et écrivit un véritable traité faisant date et faisant foi sous le titre de « Histoire générale des drogues », lequel parut en 1694 en deux volumes.

Dans un exemplaire sauvegardé de cette parution et annoté apparemment de la main même de l'auteur, on trouve des rajouts manuscrits pour une édition ou une traduction ultérieure, il fut en effet traduit au moins en anglais et en allemand.

Un peu de médecine

Ce rajout manuscrit est celui d'une recette de liqueur alors en vogue : la fenouillette, liqueur médicinale dont nous avons retrouvé la trace sur le littoral atlantique : « pour faire une bonne fenouillette, il faut prendre du fenouil nouveau, le mettre dans une bonne eau-de-vie, et ensuite distiller le tout, y adjoindre du sucre à volonté : telle est la recette de la fenouillette comme on la fait à l'Isle de Rée ».

C'est dans ce livre, Chapitre L du livre VII, réédité en 1735 par son fils apothicaire, qu'il nous confia aussi cette fameuse formule du baume de monsieur le Commandeur de Pernes.

De la « Barbe d'or », des Lombards au jardin des plantes

Fort de toute cette expérience et riche de tous ses voyages, Pierre devint riche tout court. Il ouvrit un magasin de droguiste à l'ancienne plus proche du cabinet de curiosité que du BHV bricolage. Selon nos sources, il était situé rue des Lombards et portait comme enseigne : « La Barbe d'or ». Une énigme de plus, pourquoi ce nom : cabalistique, en référence au nombre d'or alchimique ? Ou tout autre, comme par exemple faisant référence à l'antique. Les jeunes romains se faisaient raser vers l'âge de 21 ans à l'apparition de la pilosité et conservaient leurs premiers poils ôtés dans une boite en or. Une boite qui était ensuite consacrée aux dieux en échange de leur bienveillante protection.

Sinon une étymologie qui se rapprocherait de celle des Lombards, lieu où était située l'échoppe de Pierre Pomet… Ça part trop loin, on va s'arrêter un peu sur la fortune de notre botaniste connu et reconnu au point d'enseigner au jardin des Plantes et de fournir le jardin en espèces rares, réunies et provenant du monde entier. Pierre fut même reconnu par les médecins pour son sérieux et celui de ses recherches. Professant au Jardin des Plantes, fortune faite, sa bonne fortune prit quand même fin le 18 novembre 1699, mais son baume demeura bien vivace.

Une formule élaborée, rappelant la parabole du bon Samaritain. Celui qui ramassa sur le bord du fossé, un blessé et versa sur ses plaies de l'huile et du vin, le vin nettoyant, l'huile adoucissant, pas si mal notre Samaritain. Pour le baume de monsieur le Commandeur de Pernes, c'est un peu plus compliqué, mais cela reste dans le même esprit… de vin bien sûr.

La potion magique

Des plaies et un baume

Prenez ensemble du

Baume sec : 1 once
Storax en larmes : 2 onces
Benjoin en larmes : 3 onces

Aloès
Myrrhe tryée : 0,5 once
Oliban en larmes (encens)
Racine d'Angélique
Fleur de millepertuis
Esprit-de-vin : 2 livres

On bat bien le tout que l'on place en bouteille bien fermée au soleil pendant la saison chaude. Le baume est prêt.

Qu'en pensait son développeur : Pierre Pomet ?

« L'application du baume est douloureuse certes, mais le temps seulement d'un *Ave Maria* » (lequel ? note de l'auteur).

Il fait merveille selon lui, dans la goutte, les morsures de bêtes venimeuses et de chiens enragés, la variole, les hémorroïdes, les contusions, les ophtalmies, les fistules. Une solution garantie même efficace contre l'enclouure des chevaux : à mettre dans le trou du clou. Si l'on en croit l'auteur, avalé, le baume agirait aussi contre les maux d'estomac, les flux de ventre, les flux du sang.

Que peut-on raisonnablement en penser ?

On va évacuer immédiatement deux sujets : en premier si la blessure est grave, le temps de préparer le baume, et encore à condition, d'être blessé à la bonne saison, il vaudra mieux essayer d'autres traitements.

En deuxième, pour la prise orale on oublie aussi devant l'absence de données scientifiques sérieuses bien que… non, on déconseille définitivement.

Mais pour les plaies en revanche, le baume est souverain par sa composition bien conçue.

Les plantes miracles

Ainsi le baume de Tolu est cicatrisant
Le styrax est vulnéraire et cicatrisant
Le benjoin est excellent en cas de brûlure, d'engelure, de crevasses ou d'ulcères.
L'aloès stoppe les saignements
La myrrhe est détersive
L'oliban ou encens est antiseptique
Le millepertuis est astringent et cicatrisant
L'angélique et ses résines sont antiseptiques et régénérantes (baume d'Angélique)
Le vin lui-même est antiseptique

Un exemple donc de bel équilibre médicinal où les plantes conjuguent leurs efforts pour le meilleur effet, au point de créer une belle synergie d'action.

Synergie qui ayant fait la preuve de son efficacité, a traversé les siècles pour perdurer encore de nos jours. Il suffit de « googliser » ou surfer sur internet pour trouver de nombreux témoignages de patients reconnaissant au Baume de Monsieur le Commandeur de Pernes.

Et comme le disait Henri Leclerc (médecin ayant au début du XXe siècle et ayant relancé la phytothérapie avec grand mérite) : *Appliqué sur des plaies à vitalité diminuée, après un soigneux nettoyage antiseptique, il devient un pansement occlusif, cicatrisant et conservateur qui mérite d'attirer l'attention encore de nos jours.* Vous ne nous croyez pas et bien essayez-le et on attend vos impressions.

Achevé d'imprimer en août 2016
sur les presses numériques de l'Imprimerie Maury S.A.S.
Z.I. des Ondes – 12100 Millau
N° d'impression : H16/54745L
Dépôt légal : février 2016

Imprimé en France